佐々木俊尚

広く弱くつながって生き

JN192944

幻冬舎新書

490

はじめに

気がつけば21世紀もだいぶたって、すごい勢いで世界も変わってきています。空をドローンが飛んでいるし、自動車は無人で走り回れるようになり、すばらしい音楽も映画もドラマも、月に千円ぐらい払うだけで無尽蔵に楽しめるようになりました。１９６０年代ぐらいの人が半世紀先の現在を見たら、魔法で動いているようにしか思えないんじゃないでしょうか。

でもそうやって技術が進歩しているのに、私たちの日々はそんなに楽になった感じがしない。それどころか、だんだん息苦しくなっている感じさえします。どうしてでしょう？

私は、それは人間関係のせいじゃないかと考えています。これだけいろいろ変わっているのに、なぜか人間関係だけは昭和の頃のまま。やたらと口うるさい割には責任を取ってくれない上司とか、何を考えているのかわからなくてコミュニケーションがうまく取れない部下とか、グチばっかり言っていて楽しくない夫とか妻とか。

このままじゃ、どんなに技術が進歩して世界が変わっても、あいかわらず日本は狭くてちっちゃいタコツボのままです。昭和の昔を引きずって、面倒なことばかりに囲まれて生きていかなきゃいけない。

あなたがいま感じている問題の根本は、仕事の内容やライフスタイルのような大きな話じゃなく、結局は人とのつながり方にあります。

でも、だからといって「すべての人間関係を清算して、自分の夢に向かって進め」なんてスローガンを言われても、白けてしまいますよね。そうはいっても目の前の仕事への責任もあるし、家族もあるし、この生活をきちんと続けていかなければならない。みんなそう思って、我慢しながら日々を暮らしているんだと思います。

今の私の生活は、つきあいたい人とだけつきあい、ヒエラルキー（階層構造）に虐げられることも、組織特有の変なマウンティングにつきあわされることもありません。長年暮らしている妻とも良好な関係を築いていますし、世代を超えた友だちもたくさんいます。フェイスブックで見つけた気になるイベントには顔を出し、ワクワクする体験と新しい人間関係を日々手にしています。そして、一つひとつは小さいけれど、たくさんの仕事が舞い込んできます。

そういうことを言うと、「佐々木さんはフリーだから」とか「文章を書くスキルがあるから」などと言われるのですが、これは決して私の肩書きや能力によるものではありません。

かく言う私も、毎日新聞社という昭和の人間関係の縮図のような会社にいた時は、たくさんの見えない力にがんじがらめになったり、パワハラにあったりしながらも、その「しがらみ」から抜け出せずにいました。いまの生活があるのは、フリーになってリーマン・ショックで取引先がなくなったり、複数の場所に住居を持ってみたりするなかで、考え方を変え、試行錯誤しながらノウハウを生み出したからです。

この本は、人間関係をちょっと考え直してみることで、生きづらさを私たちの日々から取り除いて、もっと楽にすごせるようにしようということを提案しています。「夢を実現しよう」「世界に向かって羽ばたけ」なんていう空虚なスローガンはまったく叫んでいません。そうじゃなく、日々の仕事や生活を地道に続けながら、それでも気楽に暮らしていくためには、何をどうすればいいのかを提案しています。

その提案は、ただ一つだけ――人とのつながりのあり方を、見直してみようということなのです。

第1章では、昭和の人間関係の縮図のようだった新聞社を退職してフリーになったことで浅く広い人間関係と、そこで生まれる「弱いつながり」が持つ大切さを知った話。第2章では身近なことから始められる「弱いつながり」の育て方。第3章では育てた「弱いつながり」をどのように仕事に落としこんでいくか。第4章では近年始めた「多拠点生活」についてと、それをきっかけに学んだつながり方の大切さについて。第5章では、人間関係の改善以外で縛られた心を解放する考え方とノウハウをご紹介します。

もっと気楽で居心地が良くて、でも持続性があって「きっと誰かが助けてくれる」と思えるような人間関係を、どう作っていくのか。本書が少しでもそのお役に立てればうれしいです。

広く弱くつながって生きる／目次

はじめに 3

第1章 大切なものは「弱いつながり」 15
昭和の人間関係の縮図のようだった記者時代 16
「強いつながり」という病 17
「強いつながり」ありきの仕事 19
一対一の関係でもらった特ダネ 22
ヒエラルキーがムダな忙しさを生む 24
固定的な生き方は人間関係を狭める 26
個別の関係を積み重ねる時代 27
同調圧力による強いつながり 29
副業や転勤も見直しが進む 31
会社員もリスクヘッジが必要 33
「弱いつながり」へと移行する現代 34
まずは社会活動から始めてみる 36
少子高齢社会で生き残る 38
郊外は消滅の危機にある 41

現代は何もしない方がリスキー　43
若者の意識は地方に傾斜している　45
むしろ「アス」の生き方を築く　47
世間という観念が崩壊した現代　49
正義と悪は容易に入れ替わる　50
日本は昔からムラ社会だったわけではない　53
共の空間にいかにコミットするか　55
共を中心に公と私を変えていく　56

第2章　「弱いつながり」を育てるノウハウ　61

芋づる式に人間関係を広げる　62
遊ぶのもインプットという仕事　64
年齢にこだわらず関係を築く　66
何をもって「友だち」とするか　68
看板や所属を問わない関係を築く　70
面ではなく点でつきあう　71
なるべくヒエラルキーから遠ざかる　72

人を判断する7条件 73
嫌な人からはさりげなく遠ざかる 75
フェイスブックの2つの利点 76
いい人には実際に会いにいく 77
網の交差点にいる自分をイメージする 78
会社員ではなくなった自分を想定する 80
プライバシーをあえて公開する 82
過激な発言・批判的な発言はしない 84
善良なインフルエンサーを探せ 86
他者との相互作用で個は築かれる 88
相互作用は境界線の揺らぎを生む 90
周囲の人間に恵まれるよう関係の取捨選択を 91
必要なのは「コミュ力」ではない 92
大切なのは笑顔、好奇心、謙虚さ 95
自分のプライドを見直してみる 96
小さな一言を忘れずに伝える 97
一番大切なのは持続性がある関係 99
仕事も持続性がないとつまらない 100

夫婦関係をフラットに保つ方法 101
共通の友人が少ない方が夫婦は長続きする 103
所詮は他人であることを念頭に 105
相手への言いたい放題を我慢する 106
「たまにくる人」程度に調整を 108

第3章 「弱いつながり」を仕事に落としこむ 111

不安と不安定はまったくの別物 112
人間関係によって仕事が回る 113
機動的な働き方が一般化しつつある 114
就いた仕事を神聖視してはいけない 116
人生はピースを埋めていく作業 118
わらしべ長者的収入は誰にでも手にできる 119
現代にマッチしている「まれびと」 121
『君の名は。』はまれびとの典型 123
多様な力学が作用して数字に表れる 124

自分でつかんで前に進むしかない 126
新聞は読まなくてもいい!? 127
排除する知識を先に考える 129
歴史書には不安解消の効果も 131
合理性の果てに人間性が残る 132
ある到達点を目指すには我慢も必要 134
老後の労働をイメージしておく 135
40代になったら終活を始めてみる 136
弱肉強食の世界から共存の世界へ 138
現代人は一回り近く若返った 140
転職可能年齢は上昇していく 142
若者と中高年の競いあいが到来 144
どんな職能でもプロになり得る 146
小さな仕事をたくさん積み上げる 148

第4章 多拠点生活で再認識した、人との出会いの大切さ 151

多拠点生活のきっかけは震災 152
まずは近場に拠点を持ってみる 153
無謀な方がショックは小さい 154
慎重に入口を見極めるのも大切 156
多拠点生活でいろいろと意識が変化 158
精神的にも肉体的にも身軽になる 159
都市と地方をつなぐハブになる 160
メリハリのある生活を楽しむ 162
人間関係から仕事を見つけていく 164
アフロヘア営業マンとの出会い 166
人と会うことで領域を広げる 167

第5章 ゴールなき人生を楽しむ 171

プロセスを楽しむ人生 172
成功の定義が変わってきている 174
リアルな現実の方が共感できる 175
ピークハントとロングトレイル 177

人生は偽ピークの連続である 178
安定も強さも不確かな時代 180
誰もが「バタフライエフェクト」を起こせる 182
人生は短絡的な物語ではない 184
プラスや高みがすべてではない 186
お金持ちは「暖房のきいた部屋」 188
お金はあればあったで面倒くさい 189
年収が増えると支出も増える 191
貯蓄で安心感を得るのは難しい 192
達成が楽しいのは達成した瞬間だけ 194
長くつきあえる若い友人を作る 195

編集協力 小沼朝生
DTP 美創

第1章
大切なものは「弱いつながり」

昭和の人間関係の縮図のようだった記者時代

私は大学卒業後、毎日新聞の記者を12年間していました。当時の毎日新聞社は、大企業ということもありTHE 昭和の「強いつながり」を体現している会社でした。しかし、当時は組織にいる息苦しさを感じたことはありませんでした。むしろ保守本流で、会社人間まっしぐら。というのも、社会部の中枢のような警視庁記者クラブ担当で、自分で言うのもなんですが、わりあいエリート記者だったのです。38歳で辞めた時も、かなり驚かれました。

新聞社は非常に家族的な組織で、よく「職種のデパート」と言われます。実際、ありとあらゆる職種の人が社員として働いています。24時間稼働しているため、外注に出すと緊急時に間にあわないからです。記者、カメラマン、イラストレーターはもちろん、印刷技術者、私がいた時代は社員食堂の料理人や警備員まで社員でした。

総務畑の人などが定年になると、嘱託で保安部という部署に再雇用されたりします。すると、今日までスーツを着ていた人が、次の日から警備員になっていたりするのです。

もはや完全に一つの村のような組織で、周囲の空間からは孤絶した、山の中の共同体といった様相です。当時、私はそういう環境でも大丈夫でしたが、やはりあわない上司と24時間つきあうような状況になると、かなりのストレスを感じました。

組織にいると、就業時だけ我慢すればいいわけでも、自分の仕事だけやっていればいいわけでもありません。やはり共同作業、共同生活のようになりますが、あわない人とはまったくあわないものです。その辛さは新聞社であれ、一般的な企業であれ変わりません。

「強いつながり」という病

新聞社時代、私が最初に配属されたのは岐阜支局です。その後、名古屋の中部本社報道部、東京の八王子支局町田駐在、東京西支局と続きました。それから新宿警察署の担当を経て警視庁記者クラブ、最後は遊軍記者という流れです。遊軍記者とは無任所の何でも屋と思ってもらえればいいでしょう。

新聞社はそれぞれの部署がとても小さく、岐阜支局は6人、東京西支局は4人、警視庁記者クラブは9人しかいませんでした。

するとと人間関係がかなり濃密になるため、そこでいい人と出会えるか、出会えないかで生活が一変します。かなり徒弟制度的な世界ですので、そりがあわないととことんしごかれたりするのです。私も岐阜支局の支局長とあわなくて、かなり嫌がらせをされた記憶があります。あちこちでそういう話が山ほどあり、みんな苦労していました。

たとえば、春の選抜高校野球大会は毎日新聞の主催ですので、当然力を入れて取材します。私は岐阜支局の新人時代に担当しましたが、春なので雨の試合が多く、風邪を引く記者が少なくありません。私も甲子園から岐阜に戻った時にかなり具合が悪かったため病院にいったところ、肺炎になっていました。

支局長にその旨を伝えると、「お前、そうやってまた俺を脅すつもりか！」と怒鳴られ、結局、休みをもらえませんでした。現在であれば完全なパワハラですが、当時はそんなことが日常茶飯事でした。

それでも、多くの人は辞めませんでした。現在はマスコミを辞める人など少なくありませんが、当時の新聞記者はエリート職の一つと見なされていましたので、そもそも

「辞める」という選択肢がなかったのです。在籍中に他社の転職試験を受けると相手方の人事部から連絡が入り、勝手にその話を潰されてしまうことも珍しくありませんでした。

社内でも口を開けば人事の話ばかりです。

何年か上の先輩は手帳に社会部員の名簿を貼りつけていました。「社会部にきてから5年で、こいつとこいつが消えた。あと残るは3人だ」と、自分が社会部長になるための算段をしていたのです。

「強いつながり」ありきの仕事

私はいわゆる事件記者でしたので、当時かかわりのあった外部の人はだいたい警察官です。ただし、警察官との人間関係は極秘であり、絶対に表立ったおつきあいはできません。

地方公務員には守秘義務がありますので、警察官が新聞記者にネタを話したら、守秘義務違反になります。そのため、公には絶対に内部の情報は話せないのです。

そもそも警察官には情報をもらすメリットが何一つありません。捜査一課が扱う重大事件については、当たり前ですが警察の方が圧倒的に情報を持っています。人員も多いですし、警察と言えばたいていの人は会ってくれます。逆に新聞記者と言うとなかなか会ってもらえません。私たちの取材力など及びもつかないのです。

それでは、どうやって事件のネタをもらうか。

捜査一課では、捜査一課長の定例会見が毎朝10時にあります。それは公的な場となりますので話せることは話し、私たちも適宜質問してネタを拾います。

他方、何か重大な事件が起きてきちんとした捜査が必要な場合、所轄の警察署に捜査本部が設置されます。その本部長は警視庁の捜査一課長、あるいは警察署長が務め、捜査一課および所轄の刑事が一緒に捜査にあたります。

その場合、事件の発生から3日間は朝夕、朝夕、朝夕と計6回記者会見があります。それも公的な場ですので、捜査に支障のない範囲のことは話してくれます。

私たちはそれ以外に情報を得る術はありません。しかし、それでは記事になりませんし、特ダネも取れません。そこで私たちも警察と競いあいながら、現場で聞きこみ取材をします。まさしく足を棒にして、目撃者や有力な証言を探すのです。

一方、やはり警察官からもネタを取らないといけませんので、夜の帰宅時や朝の出勤時を狙って取材にいきます。いわゆる夜討ち朝駆けというやつです。しかし、新聞記者との個人的な面会は絶対に禁止されていますし、ばれたら捜査一課にいられなくなります。

とは言っても、こちらも仕事ですので、あきらめるわけにはいきません。最初はけんもほろろですが、ものすごく重い鉄の扉をこじあけるようにして人間関係を一生懸命つくり、深夜、早朝を問わず取材に訪れます。それが5回、10回と続くとさすがに向こうも人情にほだされて、ほんの少しは相手にしてくれるようになったりします。

たとえば、先輩からは「雨の時に夜回りにいくといい」とアドバイスされました。傘を差して待ち、相手が現れたら泥に膝をついて土下座するのだと。そういうパフォーマンスもじつは大切なのです。ある種、取引先に頭を下げる営業マン的とも言えるでしょう。

そういう過酷な仕事ですので体はボロボロになりますし、平均寿命も短いわけです。

しかしなぜ続けるかというと、やはり特ダネを取ることにはある種麻薬的なおもしろさがあったからでしょう。

一対一の関係でもらった特ダネ

捜査一課を担当していた頃、一番印象に残っているのは、ロス疑惑事件、オウム真理教事件などを捜査した伝説的な捜査一課長とのやりとりです。

1996年、ある女性からデザイナーの夫が誘拐されたという電話が入りました。また、切り取られた本人の小指も送られてきました。

身代金誘拐事件では原則として報道協定が敷かれ、解決するまで報道はできません。警察から一定の情報の提供を受けつつ、進展を待つ状態が続きます。

ところが、その事件は本人の狂言でした。じつは誘拐されたというOは殺人者で、2人の殺人を隠すために仕組んだ事件だったのです。誘拐が狂言とばれた頃、警察はOが殺人を犯していたことを察知して長野まで遺体の捜索に向かっていました。

すると毎日新聞の長野支局から「警視庁が山中をウロウロしている」と連絡が入り、

間違いなく遺体の捜索と思われました。私はあわてて捜査一課長の官舎に向かったところ、すでに各メディアが列をなしていました。その列に並び、順番がきたら中に入って取材するという仕組みになっています。

捜査一課長に対面した私は、「長野で遺体を探しているようですが、あれはOの事件でしょうか？」と聞きました。すると、「いや、それは違います」と全面否定され、本当に否定している様子だったので記事にしませんでした。

ところが、翌朝起きてみると、遺体発見のニュースを読売新聞と朝日新聞に抜かれていました。朝駆けで捜査一課長の家に出向き、「昨日はあんなに全面否定していたじゃないですか」と泣き言を言ったら「佐々木さんね、目で合図してたでしょう」と言われ、絶句しました。

それ以上は何も言えませんのでその場は終わりましたが、次はOの逮捕がいつになるかが問題でした。もちろん、取材を続けていましたが、なかなか裏が取れないのであきらめていたところ、突然警視庁記者クラブに内線電話が入りました。相手は捜査一課長。普通、記者クラブになど絶対に電話をかけてこないので驚いて受話器を握ると、「明日

Oを逮捕します」。さすがに悪いと思っていたのか、私へ温情をかけてくれたのです。お礼を言おうと思った瞬間、電話は切れました。

一対一の人間関係しかない、記者時代の貴重な経験でした。

ヒエラルキーがムダな忙しさを生む

『月刊アスキー』というパソコン雑誌の編集者を経て、フリーになったのが2003年。15年間フリーとしてやってみて思うのは、いまの時代には会社員である/ないにかかわらずフリーの人が持っている感覚がかなり重要ではないかということです。

現在は会社員の副業禁止規定がわりあい緩くなってきたため、会社員かフリーかという二者択一もなくなっていくかも知れません。しかし、どちらにしても会社以外の仕事をする場合、新たな人間関係をどう構築するか学んでおく必要があります。

たとえば、たまに企業などから講演の依頼があると、特に年配の会社員との感覚の違いに愕然とすることが少なくありません。打合せを2回も3回もやろうとするなど、とにかく効率が悪く、他者の時間を使うことへの配慮に欠けています。

おそらく、延々と会議をやっているような感覚の延長線上で仕事を考えているからでしょう。労働時間を浪費しているという感覚がないため、外部の人間にも同じやり方を要求してしまうのです。

あるいは、やたらと儀式が好きです。何人かが参加するトークイベントなども、1時間前に全員が集まって、話すことを決めて、といったことをしたがります。それではイベントにライブ感がなくなり、まったくおもしろくありません。

こういう感覚が日本の労働生産性を著しく下げている最大の要因ではないかと思います。現在は正社員が少なくなっていますし、「忙しい忙しい」といつも言っていますが、その大半はよけいな打合せや儀式などで占められているのではないでしょうか。

これは組織の考え方が全部ヒエラルキーになっているからです。ヒエラルキーという固定化された構造があり、それに則ってうまく物事を進めないといけない。

何回も打合せや儀式が必要なのも、最初は下の人間がいて、次はその上を連れてくるといったヒエラルキーに従って進める必要があるからでしょう。つまり、縦の強いつながりで仕事が進んでいくわけです。

一方、フリーの仕事は完全に横のつながり（水平構造）です。ヒエラルキーとは無縁の世界ですので、打合せや儀式はほとんど必要ありません。

強いつながりの仕事で自分が消耗したり、時間を浪費するくらいならば、横のつながりを築きながら新たな生き方を模索した方が合理的ですし、実際にそういう時代になってきているのではないかと感じています。

固定的な生き方は人間関係を狭める

会社勤めも、終身雇用が前提だと社外の人とのつきあいが減っていきます。仕事後に同僚と飲みに行き、土日も社内で作られたサークル活動に精を出す。その中から社内結婚するカップルも出てくるかも知れません。そうしたことが良くないと言っているのではありません。ただ、人間関係を社内だけで完結したまま歳を重ねると、気づいた時には社内にしか友だちがいないという状況に陥りがちです。

１９８０年代、「濡れ落ち葉」という言葉が流行しました。晩秋の頃、雨が降った後に道を歩くと、靴の裏にたくさん落ち葉がつくことがあります。それになぞらえて、定年後に行き場をなくした男性が、奥さんの後ろについていく様子を揶揄した言葉です。現在も濡れ落ち葉になる可能性は充分にあります。そうならないようにするには、たとえば1カ所に住んで固定的な関係の中で生きるよりも、移動生活により居場所をあちこちに作るという発想が大切だと思います。

それが難しいのであれば、1カ所に住みながらも浅く、広くつきあうことで「弱いつながり」をたくさん築いていく。現在はフェイスブックなどがありますので、さほど難しいことではありません。

個別の関係を積み重ねる時代

私自身、いわゆる「業界」と呼ばれるコミュニティにはあまり興味がありません。固定化されている関係性が苦痛だからです。

どの職種でも、「業界」とのつながりは本当に面倒で、懇親会やら立食パーティやらに出席して、つまらない話を聞かされるといった苦行を強いられることが少なくありません。ですから、業界的な集まりと完全に距離を置いています。出版業界にしても、各社の編集者とつきあいがあるだけで、会社とのつながりはいっさいありません。

私にはずっと、ムラ的なものは面倒くさいという一貫した感覚があります。それは新聞社勤務をはじめとする昭和というか、20世紀の体験からくるものだと思います。

当時の日本社会は、強いつながりを重視する息苦しさがありました。強いつながりは安逸ももたらしますが、そこには息苦しさとの同居があります。私も当時は安逸だと思っていたのですが、いざ自分がフリーになって仕事をするようになると、いかに息苦しかったか、面倒くさかったかを実感しました。

当時の毎日新聞のような、終身雇用を前提とした会社が減ってきた現在は、逆に個人が切り離されて寄る辺がなくなっている時代でしょう。すると、誰しももう一度人とつながりたいと思うものですが、またボスザルの周りにはべる家来のうちの一匹になるのは好ましくない。かといって、一匹狼もしっくりこない。

群れに埋もれることも、一匹狼になることもなく生きるにはどうすればいいか。そう考えた時、これからはやはり何らかの組織に依存するのではなく、個別の関係を積み重ねていくという方向性になっていくと思われます。

個別の関係の重要性を考えるようになったきっかけは、2008年頃に起きた出版不況でした。それまで仕事をしていたおもな舞台は『諸君！』『論座』などの論壇誌や、フリーになる前に勤めていた『アスキー』などのパソコン誌でした。当時はジャーナリストと編集者がコミュニティ化しており、編集者と仲良くしていれば何となく仕事が回ってきました。しかし、出版不況でコミュニティそのものが完全に消滅したのです。

それは自分の生活の糧が消えてしまったのとイコールです。そこでこの10年は生活を維持しつつ、新たなコミュニティ感覚をどうやって再構築するかを試行錯誤してきました。その結果として、個人同士のつながりを蓄積するという方法に至ったのです。

同調圧力による強いつながり

一般的に私たちは、家族、会社、業界、社会といった集団に囲まれて生活しています。それを息苦しく感じることはありますが、一方ではそれにより安心感を得ています。会社員であれば、自分がその企業や業界に守られている感覚はあるでしょう。

しかし、どんな業界にも言えると思いますが、業界秩序を乱してはいけないという暗默の了解があります。たとえば、以前は多かった建設会社の談合なども、ある種の業界秩序と言えるでしょう。

安定と引きかえに、徹底的にからめとる。蜘蛛の巣でがんじがらめにするのが、日本の企業や業界のあり方と言えるでしょう。これが強いつながりの基盤です。

かつてはそれが終身雇用と相まって、安心感を得る材料の一つになっていました。蜘蛛の巣にからめとられようと、そこで頑張るだけの価値はあったわけです。

しかし、現在はどれだけ頑張ろうとリストラもあれば倒産もあります。たとえばアマゾンのような黒船がやってきたことにより、今後、流通業界そのものが駆逐されてしまう事態も起こり得ます。

そうなると、一つの企業や業界にしがみついていることはローリスク・ローリターンではなく、ハイリスク・ローリターンになります。維持するのはとてもたいへんなのに、得られるものが少ない。苦労して働いても、何かあるとすぐに解雇するブラック企業にいるような状態になりつつあるわけです。しかも個人が集団の圧力から逃れるのは困難です。

ところが、おもに年配の人は組織や社会の理屈として、若い人に同調圧力をかけます。へたをすると、派遣社員にまで「〇〇マンのプライドを持て」などと言うのです。

あるいは、仕事で好成績を上げている人は能力への自負があるため、新人が入ってきたりすると、自分と同じことをやらせようとします。

特に苦労した人ほど、自分と同じ苦労を人に求めたがる習性があります。自分はこんなに下積みで苦労したからここまできた。だから、そういう下積みを経験しないと成功しないという理屈です。「うどんは踏めば踏むほど強くなる」などと言うのと同じです。

すべての原因を努力に集約するやり方は、社会全体をどんどん不幸にしていきます。時代が変わりつつあるのに、それに気づかない意識のギャップが表れているのです。

副業や転勤も見直しが進む

従来は副業も組織の理屈で禁止されていました。副業が禁止されている背景には終身雇用があったからです。要するに、その会社に人生を捧げるという決まりです。

転勤も同じで、必要のない人であっても全員転勤を経験させる。それはある種、会社への忠誠を試すためのツールになっていました。よくあるのは家を買うと転勤になるケース。住宅ローンを抱えて辞める心配がなくなるため、転勤させやすくなるのです。

グローバリゼーションが進展し、雇用を取りまく状況が大きく変わってきているのに、日本の企業の意識がついていっていない。現在はそれにより混乱を来《きた》している状態と言えるでしょう。

しかし、どう考えてももはや終身雇用の維持は困難ですし、正社員制度ですら維持できなくなってきています。そのため、副業禁止規定を緩める、転勤をなくすといった方向にいかざるを得ません。

実際、転勤制度の見直しは各方面で進んでいます。従来の日本企業は平等意識が強かったため、幹部候補生から平社員まで全員転勤を経験させてきました。しかし、それが現在は成り立たなくなってきています。

厚生労働省も2017年3月、「転勤に関する雇用管理のヒントと手法」なる資料を公表し、転勤制度の見直しを促し始めました。アパレルメーカーのGAPジャパンのように「本人の希望がなければ転勤はさせない」といった内容のガイドラインを整えた会社も増えてきました。

会社員もリスクヘッジが必要

ユニクロは以前「目指せグローバル人材」といった内容を掲げて正社員を募集していました。それで夢を持った若者が入社して店長になると、倉庫でひたすら服をたたんでいるだけなどの現実があったといいます。

その一方で、経営戦略などを立案する中核の部署には、元マッキンゼー（ニューヨークに本拠を置く世界的コンサルティング会社）といったまさしくグローバル人材を雇っている。そのズレはおかしいということで、ブラック企業と批判される一因になりました。

そこで現在ユニクロでは、地域正社員という制度を導入しました。正社員だけれども転勤はない。その代わり若干給料は安い。あるいは、昇進して本社の幹部にはなれない。そんな制度です。これは自然な流れなのではないでしょうか。

こういう話をすると必ず、「アメリカやヨーロッパでもトップはみんな世界中を転勤している」などと言う人がいますが、それはまったく次元が違う話です。

グローバルエリートはどんどん転勤すればいいでしょう。給与は高いですし、エリートとして会社のトップに上りつめようと思っている人を止める理由はありません。

しかし、大半の人はグローバルエリートにも会社のトップにもなれません。「なりたくない、興味がない」という人も多いでしょう。そういう人は、会社に所属しつつ人生のリスクヘッジをどう取るのかを考えないといけません。その方法は第2章、第3章に詳しく記載します。

「弱いつながり」へと移行する現代

1973年、当時ハーバード大学の大学院生だったマーク・グラノヴェッターは、著書『転職』（ミネルヴァ書房）において「弱い紐帯の強み」という有名な理論（ウィークタイズ理論）を提唱しました。

簡単に言うと、家族や親友といった強いつながりよりも、弱いつながりをたくさん持つことの方が、多くの情報を得られるという利点から重要であるとする理論です。

彼は転職時の求人情報をどこから得るかを、強いつながりと弱いつながりに分けて定量的に調べてみました。強いつながりとは家族、親戚、会社の同僚など。弱いつながりは、年に一度年賀状をやりとりするくらいの関係です。その結果、弱いつながりの方が圧倒的に情報量が多かったのです。

弱いつながりの人がそんな厚意を見せることは不思議に感じますが、ちょっと考えてみると、それが理にかなっていることがわかります。

自分が転職しようという時、同じ会社の人が求人情報を教えてくれることはまずないでしょう。あるいは、会社の中ではだいたい同じ情報を共有しており、隣席に座っている人間が持つ情報は自分もおおむね知っているはずです。そのため、情報の密度が濃くなりすぎて、新鮮な情報が入りにくくなっているのです。これは家族や親戚でも同様です。

逆に自分の知らない業界にいる人や、日頃接触がない人の方が、自分が持っていない新鮮な情報を持っている可能性が高くなります。また、意外と人間は他者に厚意を見せてあげてもいいと思っているものです。転職口の情報を与えることくらい、自分にとってデメリットはまったくないわけですから、すんなり教えてくれるのです。

大切なのは、そのような弱いつながりをたくさん持っておくことです。第2章から詳しく書きますが、浅く広い生き方をすることで、多くの弱いつながりが手に入ります。

『転職』は1980年代に日本語訳が出版されました。翻訳を担当したのは渡辺深さんという社会学者で、彼はグラノヴェッターの理論が日本でも有効かどうかを実証的に調べてみたと「あとがき」で述べています。それによると、当時の日本では弱いつながりよりも、強いつながりの方が有効だったそうです。

しかし、それから30年以上がたち、現在は非正規雇用が増えたり、転職が一般的になったりと、かなり状況が変わってきました。社会がアメリカ的な方向に向かっていますので、いま調査すれば弱いつながりの方が有効という結論になるのではないかと思います。

まずは社会活動から始めてみる

現実的には、会社員が組織の規定から外れるのは困難でしょう。そのため副業禁止規定があれば、リスクヘッジのために仕事を複数持つことはできません。しかし、その会社には60歳までしか勤められず、その後20年以上も人生は続くわけです。あるいは、途中でリストラされないとも限りません。

いまや時代は「弱いつながり」を多く手にしている人が生きやすくなるように移行しています。リストラや倒産の危機があるいま、何かしら行動に移して「弱いつながり」を手にする必要があります。

「弱いつながり」を手に入れるノウハウは第2章で詳しく説明しますが、まずは社会活動をきちんとやる必要があるでしょう。ボランティアでもサークル活動でもかまいません。フェイスブックなどを見ると山ほどイベントがありますので、何らかの催しに積極的に参加してみることが大事だと思います。

ただし、目的は参加することではなく、交友関係を広げること。簡単に言えば、友だち作りです。

たとえば、後ほど詳しく紹介しますが、いま横須賀には空き家が多くあります。それらを借りてコミュニティスペースなどを作ろうとしている友人がいます。彼は、普段は東京で不動産の仕事をしているのですが、横須賀の空き家を借りて週末になるとリノベーションに取り組んでいます。同じような取り組みをしている仲間も増えています。週末リノベ、週末小屋造りのようなサークルが、最近は数多くあります。一人ではたいへんなので、仲間を募って活動するのです。そういう活動に参加すれば、いずれはその中にゲストハウスやカフェなどもできるでしょう。それでまた人間関係が広がります。

このようにやり方はいくらでもありますし、現在は仲間作りのハードルが著しく下がっています。以前は地域活動などというと高齢者と主婦がほとんどでしたが、現在はまったく様変わりして、誰でも気軽に参加できるのです。

転勤がある会社に勤めているのであれば、数年間は同じ土地で生活するわけですから、そこで友だちをちゃんと作っておけば、その人脈がいずれ役立つはずです。将来的に数拠点の生活を考えるのであれば、むしろ転勤によって生活の場が見つかるかも知れません。そういう捉え方をすれば、転勤もそれほど辛くなくなるのではないでしょうか。

少子高齢社会で生き残る

弱いつながりを築くことは、少子高齢社会という観点からも重要になってきています。昨年、産経新聞で論説委員を務めている河合雅司さんの著書『未来の年表』がベストセラーになりました。非常にためになる本で、人口の減少によって起こり得る恐ろしい話がたくさん書いてあります。

いろいろな提言もあり、その一つに地方に人を呼びこむ方法を挙げています。現在、地方自治体は移住者の獲得に力を入れていますが、ほとんど成果を上げていません。そこで東京に暮らしながらもときどき訪ねてくる人たちを獲得すべきとしています。

永住民でなく言わばフレンド市民のような人たちを、ゲストハウスなどを整備して呼びこむわけです。少子高齢化による人口減少の対策として、そのような相互交流を視野に入れるべきとしており、納得させられる見解でした。人口減の社会では、人口密度が低くなります。ギュウギュウに集まって暮らすのではなく、スカスカの社会になるのです。そこでは遠い人とも近い人ともうまくたくさんの弱いつながりを作ることで対応するしかないということなのでしょう。

少子高齢社会でどう生きのびるか。これはもはや10年先くらいを目安として答えを出すべき切迫したテーマです。もちろん、東京も例外ではありません。

団塊の世代とは1947〜1949年生まれの人たちを指しますが、あいだを取って1948年生まれとすると、みなさん今年でちょうど70歳になります。あと5年で後期高齢者入りになるわけです。

となると、東京も高齢者だらけになっていくでしょう。地方に比べれば若者が圧倒的に多いイメージですが、それは地方から流入しているからにすぎません。今後、供給源である地方の若者が減少するわけですから、これ以上増えないことは明らかです。

こうして東京は高齢者の比率がどんどん上がり、財政負担だけを考えても、かなり住みにくい場所になると予想されます。東京だけで暮らすのは逆にたいへんになるでしょう。それは決して遠い未来の話ではなく、10年先の現実なのです。

私はTOKYO FMの「タイムライン」という番組でパーソナリティをしています。先日、ゲストに河合さんをお招きして「人口が減っていくとはどんなイメージですか?」と質問したところ、「折り紙を畳むような感じです」と答えが返ってきました。

団塊の世代の一学年は約200万人います。それが「新人類」と言われた1960年代生まれになると100万人。現在はさらに減って50万人程度。つまり、半分ずつ世代が減っていくため「折り紙を畳むよう」なのです。

昨年の人口動態調査によると、日本の人口は1年間で30万人減少し、1960年代以降では最速の減り方だったと総務省が発表しました。しかし、河合さん曰く「もうすぐ年間100万人減るようになる。政令指定都市が毎年1個ずつなくなっていくのと同じ」。かなり厳しい状況であることがわかると思います。

郊外は消滅の危機にある

昨年の時点で東京には約1360万人、神奈川、埼玉、千葉の3県には約2270万人、合計で約3630万人が首都圏に暮らしています。この3630万人はほぼ全員が東京にぶら下がって生活しており、地域経済圏にはほとんどいません。

そうなると都市周辺地域=郊外における地域コミュニティはないと言って差し支えありません。地域コミュニティの議論になると、よく東京と地方という二分割で論じられますが、じつはもう一つ「郊外」という場所があり、そのボリュームはかなり大きいのです。

現在、地域コミュニティの緊密化が地方では議論になっていますが、郊外はすでにコミュニティそのものが完全に崩壊しています。なおかつ、これから人口減少が加速するのも郊外のような気がします。過疎化は必ずしも地方だけの話ではないのです。

わかりやすい例でお話ししましょう。バブル期は不動産価格が異常に高かったため、多くの人は郊外に家を買いました。新聞記者だった私は警察官などの自宅までよく取材に行ったのですが、その時「なんでこんな遠くに住んでるんだろう？」といつも感じていました。

たとえば、埼玉県飯能市、茨城県牛久市、土浦市など。その地域の人には申し訳ありませんが、首都圏からは時間がかかります。しかも駅前ならまだしも、最寄り駅からバスに10分程度揺られて、ようやく新興住宅街にある一軒家に到着するといった感じでした。

当時、それらの物件を購入したのは団塊の世代かその下くらいで、現在の60代が中心でしょう。しかし、その子ども世代にとっては不便で仕方ありませんので、彼らは地元を出て都心に暮らしていたりします。

そうなると地元には両親だけが住むわけですが、やはり高齢になって不便なので引っ越そうということになります。結果的に、クシの歯が抜けるように人が減っていくのです。

人口が減少すると何が起きるか。まずはスーパーがなくなります。商圏として成立する基準値を下回ればもはや商売はできません。スーパーが撤退すれば、より不便になって人口減少はさらに加速します。

このような下降スパイラルに陥り、東京郊外の住宅地はどんどん人口が減っています。そこには地域コミュニティも何もありません。もはやゴーストタウン化まっしぐらといった状況なのです。

現代は何もしない方がリスキー

このような問題の解決を図る方法として、「コンパクトシティ」という施策があります。簡単に言うと、広いエリアに点在して暮らしている住民を一つの狭いエリアに集め、そこだけにインフラや公共サービスを提供するという方法です。

１９７０年代から始まったこの施策は世界的な広がりを見せ、アメリカ・オレゴン州最大の都市であるポートランドは、コンパクトシティの成功モデルとされています。

日本でも富山市や青森市がコンパクトシティに取り組んでおり、ほかにも試みている自治体はいくつかあります。しかし、行政による強制的な転居は難しいため、あまりうまくいっていません。

もっとも、私の友人である不動産コンサルタントの長嶋修さんは、「放っておいてもコンパクトシティ化は進む」と言っていました。人口減でほとんど誰もいなくなった郊外のゴーストタウンに、ぽつんと住むのは不便で仕方ありません。どうしても一定の利便性が確保されている場所に転居せざるを得ないのです。

事実、過疎化が進む北海道の田舎では冬の暮らしがたいへんになり、札幌市などに移住する高齢者夫婦が増えているそうです。

郊外に一戸建てを買い、定年まで勤め上げるという従来型の生き方・働き方はもはや成立しなくなってきています。すでにリタイアした人も、最期まで郊外の住居に暮らすことは困難になるかも知れません。

郊外に建てた自身の城そのものが負の遺産になる可能性が出てきた現在、何もしないでいることの方がリスキーな生き方になりつつあります。社会状況の変化に自分の生活や仕事をどう適合させるか、真剣に考えないといけない時期にきているのです。

もちろん、東京都心のマンションを買うといった物理的な方法もあるにはありますが、そのような場当たり的な解決策ではなく、生き方そのものを変えていく必要性に迫られているのではないでしょうか。それは理想の追求といった高邁な話ではなく、サバイバルのための生き方の変更と言えるでしょう。

若者の意識は地方に傾斜している

あるリサーチによると、東京に住む20代の若者の4割くらいは、地方に住みたいと思っているそうです。いまだ一極集中とも言われますが、東京は以前ほど魅力的な場所ではなくなってきたということでしょう。

もちろん、東京でも楽しい生活はできますが、それはやはりお金に余裕のある人たちの世界です。毎日遠くのワンルームマンションからブラック企業に通っている人が、さっさと辞めて田舎で働きたいという気持ちになるのは充分理解できます。

特に人気なのは福岡市です。交通の便がよく、ある程度狭い街に必要なものが凝縮されており、食べ物もおいしい。オープンで、外部の人間に優しいのも特長の一つです。

1年ほど前に福岡でトークイベントをしたのですが、終わってから若い人たちと飲みにいきました。半分くらいは大学生でしたので、深夜になって帰宅手段を心配したのですが、みんなタクシーに乗って千円以内で帰れるとのことでした。東京のように、ギュウギュウ詰めの終電に遠くまで乗る必要がないのです。

文化的に見ると、いまだに東京が上位で、地方は下位と考える人もいるにはいます。しかし、そんな立場はもはや崩壊しています。東京と地方の文化は違うものと考えた方がいいでしょう。

たとえば、ファッションで言うと東京はミニマルなものを着ている人が多くいます。白いシャツにジーンズといった感じです。一方、地方はストリート系で、地方から見ると東京は地味に感じるそうです。結局、双方の文化は分離されていて、東京はもはやロールモデルになっていないわけです。

そのため現在はファッション雑誌があまり売れなくなり、内容も様変わりしました。本来、ファッション雑誌は東京の文化を地方に発信することを目的としていたのですが、その構図が崩壊すれば東京の文化をいくら紹介しても売れなくなるのは自明の理です。

そこで地方文化を中心にした方が雑誌は売れると気づいたのが宝島社で、おもに地方の20代女性をターゲットにした『ｓｗｅｅｔ』などは１００万部以上の大ヒットを記録しています。出版社は異なりますが、ギャル系の『小悪魔ａｇｅｈａ』なども、地方文化から生まれたヒット雑誌でした。

こうして東京と地方はどんどん分離されているのですが、東京にいるとなかなかそれに気づきません。東京住まいの人は、東京至上主義という認識を改めるべき時期だと思います。

むしろ「アス」の生き方を築く

２００８年、私は『ケータイ小説家』（小学館）という本を上梓しました。当時は

『恋空』など、ケータイ小説が流行った頃です。その作家さんたちへのインタビューをまとめた本で、地方の男女10人くらいを取材しました。

その一人に群馬に住むA君がいました。いわゆるヤンキーなのですが、「東京なんかぜんぜん興味ないっすよ」。彼らは地元に仲間がたくさんいて、失恋したら一晩でも話し相手になってくれるし、「引っ越しする」と言えばトラックで駆けつけてくれる人もいる。仕事にしても、鋳物の工場勤めで給料は安いけれど特に不安はない。周りの仲間と一緒に食べていければ充分とのことでした。

私はそれを聞き、イギリスの階層社会で言われる「アス・アンド・ゼム」（俺たちとあいつら）のような印象を受けました。

あいつらは上流階級で、金持ちで偉そうないい格好しているけれど、ぜんぜん楽しそうじゃない。俺たちは金もないし、きつい工場労働だけど、仲間がいて、パブに集まって酒を飲んでりゃ充分楽しい。そういう労働者階級の喜びのようなものを表した言葉です。

これからの社会は、どちらかというと「ゼム（あいつら）」ではなく、「アス（俺たち)」でいいのではないかと最近よく思います。エリートではないからこそ、新しい生き方をきちんと構築した方が幸せなのではないかと感じるのです。

世間という観念が崩壊した現代

「世間学」という分野を研究している、九州工業大学名誉教授の佐藤直樹さんと対談した時、「いまの日本は世間が覆った社会だ」とおっしゃっていました。

日本はムラ（集団）ごとに世間があり、そこにいると許されるものの、外に出ると許されなくなります。そのため、日本人はやたらと謝罪します。

佐藤さんとは「20秒早く出発して、つくばエクスプレスが謝罪した」という話をしたのですが、そんなことで謝罪する必要があるのでしょうか。謝罪すれば世間に残れますが、謝罪しないと「あいつはよそ者」と外にはじかれるためすぐに謝ってしまう。そういう構図で世の中が動いているのです。

ところが、昨今は世間という観念がしだいになくなってきました。もはや農村も企業社会も崩壊していますので、観念としての世間が消失しつつあるのです。

そのわりにネット上でやたらと「謝れ」と怒る人がたくさんいます。それについて佐藤さんは、世間の実体がなくなったからこそ、逆に誰もが不安になって世間という観念にしがみついているのだと解説してくれました。「ネット世間」のようなものを仮想的に作り上げて、そこに棲《す》んでいるわけです。

これは非常に不健全と言えます。かつての世間は、そこに定住できればとりあえず共助的なセーフティネットがありました。しかし、「ネット世間」にしがみついても何も得るものはありません。お金をもらえるわけでも、生活が安定するわけでもないのです。

大きな変化の過渡期である現在は「ネット世間」があっても、実体がないのですから、いずれは崩壊していくでしょう。しかし、個人がバラバラになると不安ですので、もう一度新しい共同体のようなものが生まれてくるはずです。

正義と悪は容易に入れ替わる

ＳＮＳが炎上するのは正義を行使したがる人が多いからですが、それもやはり共同体の衰退に起因しています。成長の時代が終わり、組織への安定した所属が期待できなくなったいま、誰もがよりどころなく浮遊しており、不安が社会を覆っている状態です。そこでどっしり構えるのは難しいため、何かに頼りたくなります。それが正義なのです。酒や女よりも、酔って一番気持ちいいのは正義であると言われます。それがいま至る所に現れていると言えるでしょう。しかし、これは時代が変わる過渡期の出来事であり、いずれは沈静化していくはずです。

たとえば、電車で少々マナーの悪い乗客に、酔っ払ったおじさんが「こら、お前」などとからんでいることがあります。その時、「やめなさい」と止める人はいても、おじさんの後方から「そうだそうだ」と援護射撃する人はいません。ネットでやっているのはまさしくこのような酔っ払いへの援護射撃ですから、そのおかしさにいずれは気づくでしょう。

もっとも、絶対的な正義、圧倒的な正義を信じて疑わない人もいます。本来、正義は相対的なものですが、そのあいまいさを認めないのです。

事実、「正義の反対は悪ではなく別の正義」などと書くと、「何でも相対化する冷笑主義者」といった批判が山ほどきます。熱く正義を説いているのに「まあまあ」などと止めると、一生懸命な人間を物笑いにしているように感じるらしいのです。たしかに冷めてはいるものの、笑ってはいないのですが。

何が正義かを間違えることはないと考えるのは大いなる誤解です。ヨーロッパに「地獄への道は善意で舗装されている」という諺《ことわざ》があるように、善意＝正義だと思ったものが悪に転ずる例はいくらでもあります。

一番わかりやすいのはナチス・ドイツでしょう。当時、ドイツは第一次世界大戦の敗戦により巨額の賠償金を科せられ、経済復興は夢のまた夢という状態でした。そこに「そんな金を出す必要はない」と国民を昂揚したのがナチス・ドイツです。その時点では正義だったわけですが、どんどん極端になってホロコーストという暴挙につながりました。

このように正義と悪は容易に入れ替わるものなのです。もちろん、私たちの中にも悪は常にあります。「監視社会」という言葉は、国が国民を監視するという文脈で使われますが、いま起きているのは国民が国民を監視しているという実態です。「文春砲」などはまさにその典型であり、人の失態を覗きたがる以上、悪意はないと誰が言えるでしよう。

『スター・ウォーズ』のように、自分は絶対に悪にはならないと過信したとたん、人間は暗黒面に落ちます。正義はいつでも悪に転ずる可能性があると自覚すること、悪を抑えようと思っている人たちとつながることが、非常に重要になってきています。

日本は昔からムラ社会だったわけではない

話を戻すと、新しい共同体が生まれたとして、以前のように「世間」になるかどうかは、まだわかりません。個人的には世間にならずに、もう少し弱いつながりに基づいた共同体ができあがってほしいと思います。しかし、日本人はそういう不確かさが好きではないため、もう一度世間的な強いつながりを期待する声が高まるかも知れません。

ただし、歴史的に見ると、日本人が本当に強いつながりが好きかどうかは微妙です。強いつながりが築かれたのは、せいぜい江戸時代以降なのです。

奈良時代には、律令国家という中央集権のヒエラルキー社会が生まれました。農村はすべて律令体制に組みこまれ、上から下まで税金を集める仕組みができました。

しかし、律令国家は平安末期にほぼ崩壊し、そこから鎌倉、室町、南北朝、戦国時代ぐらいまでは、基本的には市民の間にヒエラルキーのない時代が続きます。

網野善彦さんなどの歴史学者が書いていますが、たとえば当時の職能集団は漂泊する集団で、移動しながら暮らしていました。そのため、ムラでずっと同じ人たちと生活するわけではなく、いろいろな交流があったのです。

権力構造にしても、当時は中央集権ではありません。天皇や貴族、新興武士勢力、寺という三権力があり、パワーバランスが築かれていたのです。そのため一般の人は、社会階層は貴族に認めてもらい、仕事は武士からもらい、寺の宗門に入るという3つのつながりの中で生きていました。

それが戦国末期に織田信長が統一を始めた頃から、もう一度中央集権に戻り始めます。そして江戸幕府の完成によって幕藩体制が築かれ、その下に農村ヒエラルキーが出来上がったのです。

そう考えると、「日本＝ムラ社会」という考え方は17世紀以降の産物にすぎません。せいぜい400年ほど続いただけですから、それ以前に戻る可能性も充分あるのです。

共の空間にいかにコミットするか

社会には公、共、私という3つの空間があると言われます。「公」は政府や自治体で、「私」は家族。日本ではその間の「共」の空間がなかなか育ちませんでした。昔は、企業や農村などはほとんど私空間のような認識があり、その外側にある共の空間を育てるのが日本社会にとって大きな課題だったのです。

しかし、終戦から70年以上がたった現在、さすがに共の空間も整ってきています。弱いつながりを築くとは、自分で共の空間を作るということと同義です。

江戸時代の農村などは共同体の中で生きるしか方法がありませんでした。共同体から一歩出れば単なる流れ者になり、とても過酷な人生が待ち受けていたわけです。

一方、現代はフェイスブックのようなツールがあります。国＝公の制度などもある程度整っていますが、それに頼らなくても共の空間で生活を作ることが可能です。

企業など、あるコミュニティからドロップアウトしても、どこかで生きる術はあります。終身雇用ではなくなったため、途中で脱落したら田舎に帰るしかないといった事態はほとんど起きません。

結局、求められるのは共の空間にいかにコミットするかだけなのです。

共の空間を探す場合、目的がきちんとあった方が楽しいはずです。学生時代にある程度取り組んだスポーツがあって、それを突きつめたいなどであれば別ですが、スポーツはよほど好きでないと続かないと思います。

最近は社会的な課題の解決に取り組むＮＰＯなどがたくさんあります。都会であれば、待機児童問題もその一つです。どうやって待機児童を減らすかを議論し、何らかの働きかけをしてみる。目的のある活動は、そのプロセスが楽しくなります。たとえ問題が解決して活動が終わっても、そこで培った人間関係やノウハウなどは残ります。

もちろん、団体の中には、面倒くさい人がたくさんいるコミュニティもあります。集団にからめとられないよう気をつけることは忘れないでください。

これはＳＮＳなどのインターネットの世界でも同じことが言えます。

共を中心に公と私を変えていく

２０１８年の１月は東京でも大雪になり、山手トンネルで立ち往生したトレーラーが原因で、約10時間も渋滞で車が動かないという事態が起きました。トレーラーはチェーンを装着していたそうですので、根本的な原因は傾斜のきつすぎる坂道にあるでしょう。ところが、そういうトラブルが起きると「政府は何をしていたんだ」と批判する人がいます。これは何か問題が起きると必ず強い立場の者が現れて、弱い立場を救済するパターナリズム（父権主義）で日本が動いてきたからです。

市民社会が発展すれば、パターナリズムはそれなりに解消されます。たとえば、１９８５年のメキシコ地震は約１万人の死亡者を出す大惨事でしたが、当事者のメキシコ人はそれがメキシコ市民社会のスタート地点だったと言います。

当時、メキシコは発展途上国に近い状態でしたので、政府はほとんど何もしませんでした。それを市民の結束力により乗り切ったことで、市民社会の基盤が築かれたのです。

日本でも阪神・淡路大震災をきっかけにボランティア活動が一般化するなど、しだいに公からの独り立ちが進んでいるようにも感じます。渋滞のケースのように、動かない公を批判するメンタリティは残っているものの、自分たち＝共で社会を何とかしようという気運は高まっているのではないでしょうか。

その時、共と私はべつに公と敵対しているわけではないという考え方が重要になります。政府や自治体を敵と考えると、すぐに「けしからん」になりますが、私が集まって共をしっかり形成すれば、公を変える・動かす・やらせることは可能です。また、それによって私もよくなります。共を中心にして、公と私がどんどん変わっていくというイメージが、成熟した社会には不可欠だと思います。

公と私の対立という意味では、２００９年に村上春樹氏がエルサレム賞を受賞した際に行った記念講演が思い出されます。一般的に「壁と卵」と言われる講演です。簡単に言うと、システムというのは壁であり、卵をぶつければ割れて落ちます。その時、壁と卵のどちら側に立つかというと、自分は一貫して卵の側に立ちたいという内容です。

私はその考え方には反対で、そもそもシステム＝壁を作っているのは私たちです。それを自分たちに対抗する権力と捉えるか、自分たちがそのシステムを構築している主体であると捉えるかで、社会の見方は大きく変わります。

戦後の日本は、権力の圧倒的な強さに弱い個人が対抗しているイメージでした。しかし、21世紀は私たちがシステムを作り、そのシステムが私たちを支える社会です。壁と卵という二元論ではなく、政府も権力も私たちに内在しているという考え方に転換する必要があるのではないでしょうか。

第2章
「弱いつながり」を育てるノウハウ

芋づる式に人間関係を広げる

私は出歩くのが好きなため、おもしろい人たちとたくさん知りあいになります。

たとえば、毎年5月に丹沢のキャンプ場で開催される「Natural High!」というイベントに参加しています。参加者は500人くらい。フェスイベントとしてはかなりの少人数ですが、ちゃんとステージがあり、音楽の演奏をしたり、みんなで踊ったりといった催しもあります。

参加者はじつに様々ですが、なぜか水パイプを吸っている若者がいたので話を聞いてみると、その中の一人が「じつは僕、猟師なんです」。おもしろそうと思って会話しているうちに、ジビエ（野生の鳥獣肉）を食べる会に誘われました。

そこで3カ月後にその会に参加すると、これが楽しかった。彼は東京都あきる野市という奥多摩地域で狩猟をしています。地元の猟友会のメンバーの多くは60代、70代ですが、彼も含めて30代も5、6人いるそうです。しかし、40代、50代は一人もいないという偏った構成になっているとのことでした。

40代、50代はいわゆるバブル世代ですので、おしゃれな高級レストランでワイングラスを傾けるのがかっこいいといった価値観を持つ人も多いでしょう。そのため、狩猟などという田舎くさい趣味には近寄らなかったのかも知れません。

他方、現在の20代、30代は一転して地方色にあふれたものをおもしろがる傾向があります。世代間の相違が表れており、興味深く感じました。

ジビエの会はフェイスブックでも参加者を募集していたため、仲間の猟師さん以外にも15人ほど部外者がきていました。そこで知りあった20代の若者は、長野県松本市からきたとのことでした。わざわざ奥多摩までジビエを食べにくるのも珍しいと思っていたところ、地元でクラフトビールの醸造をしている技術者なのだそうです。

なんでも秋に向けてクラフトビールの工場を造る予定だが、冬はビールが売れない。そこでジビエをあわせたイベントを開きたいと考え、参加してみたとのことでした。せっかくなので、今度松本を訪れた際にはご飯でも食べましょうと約束してきました。

第1章で、大切なのは「弱いつながり」であり、ボランティアやサークル活動などに参加して交友関係を広げることをお勧めしました。

私はいつもこのようにして芋づる式に人間関係を広げ、弱いつながりをたくさん手にしています。特にいまはフェイスブックがありますので、その場で即つながってしまえば連絡も取りやすいですし、お互い何をやっているかが持続的に見えますから、何かあった時に声をかけやすくなります。仲間集めもフェイスブックを活用すれば簡単です。新しいことを始めるのに、いまほどハードルの低い時代はありません。

遊ぶのもインプットという仕事

新しいことに取り組むハードルは、女性の方が低いと感じます。

大きな理由は、男性の方が保守的だからでしょう。レストラン選びなども、女性はどんどん新しいお店を開拓しますが、男性は決まったお店で決まったものを食べることを好みます。じつは男性の方が小心者なのかも知れません。

それでも外に出るには、メソッド化するしかありません。「遊び」と思うから、そんなダルいことをせずに家でゴロゴロしていたいと思ってしまいます。

そこで、外に出たり、遊びに行くのも仕事だと思うのです。人間関係を広げたり、知らない世界に足を踏み入れる「インプット」という仕事です。

お金になることだけを「仕事」と定義する必要はありません。一定の辛さを伴わなければ、仕事ではないと考える必要もありません。

ただ楽しいだけのことは、遊びや息抜きのようで罪悪感を覚える人すらいます。しかし、インプットと考えれば、それはちゃんと仕事です。休日のインプットと、平日のアウトプット。両輪で仕事が成り立っているという感覚を持ってください。

ジグソーパズルのように、人生はいろいろなピースを埋めていくことで完成します。空いている部分を埋めるには、インプットもアウトプットも不可欠なのです。

あえてピースをしぼるとすれば、「仕事（生業）」「スキル」「人間関係」「遊び（インプット）」「健康」の5つくらいでしょうか。

これは余談ですが、著名ブロガーのｐｈａさんは、「人間関係」というピースを軸にしたある意味では究極の生き方をしています。以前「日本一有名なニート」と言われた彼は、基本的に働きません。食事などに困るとブログで発信し、彼のファンが何か送ってくるという生活をしていました。現在は著名人ですので、もはやニートではないと思

います が。

年齢にこだわらず関係を築く

「どうして歳下の人とも友だちになれるのですか？」とよく聞かれます。他者との関係性を築く上で重要なのは、ありていに言えば「いい人」でいることです。年齢を重ねてくると、どうしても人間は上から目線になります。私はいま56歳ですが、同世代の男性と話しているといつも「なぜそう一言、二言多いのかな」と感じます。

たとえば、「おいしいレストランに行きました」とフェイスブックに誰かが書くと、「そこもおいしいけど、このお店の方がいいよ」などとコメントをつけたりします。はっきり言って、大きなお世話でしょう。そういう自尊心を満たすためだけのお節介が一番いけません。

大切なのは、自分が備えているある種の知恵のようなものを、求められたら提供することです。「これをやりたいんだけど、どう思いますか？」と聞かれたら初めて「こう思うよ」と答える。求められなければ、何も言わないのが肝要です。

つまるところ、相手にとって必要な人と思われればいいわけです。「困った時は相談してみよう」と思われれば、自然に誰とでも仲良くなれるものです。

私が幅広い年齢の方々から仲良くしていただけるのも、メディアに出ている人だからといった評価ではなく、単純にうっとうしくなかったり、何となく役に立ちそうな人に見えるからではないでしょうか。

一例を挙げると、昨年福井県の美浜町で空き家対策をしているNPOのメンバーと空き家ツアーをした後、バーベキューをしました。その時ツアーに参加した若者と話をしたところ、私たちが住んでいる古民家にとても興味を示しました。「遊びにおいで」と誘ったところ、さっそく翌日に訪ねてきました。

彼はもともと自衛隊にいたそうですが、現在は地元の同県高浜町でゲストハウスを作る活動をしているとのことでした。しかし、高浜町にはそういう施設がないためなかなか理解が得られず同志もいない。そこで美浜町のツアーに参加したところ、仲間になれそうな人がたくさんいたので、こちらで物件探しをしようと思うと語ってくれました。

私が協力を申し出るととても喜んで、またすぐにフェイスブックでつながりました。

こうしてちょっと手を差しのべるだけでも、新しい人間関係が生まれます。

何をもって「友だち」とするか

私は基本的に、友だちに見返りを求めません。そのため、遠隔地に住む人からトークショーへの出演を頼まれた、ギャラも交通費も出ない、でも行く、だって友だちだから……といったパターンがよくあります。私にとって「友だち」の定義は、利害関係のない人です。一度会って親しくなり、「この人はいい人だ」と思ったら友だちで充分ではないでしょうか。友だち（になる人）に求めるハードルが低く、自分が友だちと思ったらもう友だちです。おそらく、男性はこういう考え方が一般的でしょう。

一方、女性はわりあい「友だち」のハードルが高いと感じます。「親友がいない」と話す女性がたまにいますが、私から見るとかなり不思議な悩みで、そもそも「親友」の定義がわかりません。年中会っているから親友ではないでしょうし、数年に一度しか会わなくてもお互いに親友と思っていれば親友でしょう。

あくまで一般論ですが、女性はつながりを重視し、自分たちがつながっていることを確認し続けたり、裏切りは許さないといった強い感情を持ちやすい傾向があります。それはムラ社会の延長であり、束縛しあうのが友だちと思っているのかも知れません。学校のトイレに仲間同士で行ったりするのもそのためでしょう。

しかし、そういうつきあい方だと「〇〇したのに、××してくれない」といった利害感情が生じやすいですし、そう思ってしまう相手を「親友」と言えるかどうかは疑問です。

また、短期的な損得で考えるよりも、長い目で見た方が人間関係は得になるものです。私にしても、無報酬の仕事に行ったらやはりお金も時間も損をしている気持ちにはなります。しかし、相手に「あの時佐々木さんは手弁当できてくれた」という感情が少しでも残れば、いい関係が持続するはずです。その方がずっと得ではないでしょうか。

結局、友だちか否かはお互いの判断が必要なわけですから、まずは自分が利害を抜きにした友情を見せれば、相手もおのずと友情を感じてくれるものだと思います。

看板や所属を問わない関係を築く

利害関係という点で考えると、会社の上司や同僚や取り引き先の人間は完全に利害がありますから、私の言う「友だち」にはなりにくいかもしれません。

自分は友だちが多いと思っている大企業の社員が、早期退職して独立したら誰からも誘われなくなったという話はよくあります。結局、大企業の肩書きがあるから多くの人がつきあってくれていたわけです。

普段からそういうよけいな肩書きやベールを剝がした上で人間関係を築かないと、いくら知りあいが多くても意味がないと思います。

著名なミュージシャンや芸能人になると、周りには得体の知れない人が群がってくるようですが、それはその人のお金と看板に惹きつけられているだけで、友だちとは言えません。看板も所属も関係なく、対等に話せる人が一番大切なはずです。

そういう友だちを作るには、やはりフェイスブックの活用をお勧めします。今日初めて会った人から友だち申請がきたとしても、意外に共通の友人が多くいます。相手がどういう人かはそれでだいたい判断できますので、特に問題がなさそうならば、とりあえず受けておくという姿勢でいいでしょう。

面ではなく点でつきあう

人間関係を会社や業界といった面で捉えると、不可避的に多くの関係者とつきあわないといけません。私はいちおう硬派なジャーナリズムの業界に属しているという認識を持たれていますが、一般的にそういう業界は共同体化しています。雑誌の編集者とジャーナリスト・ライターの集団があるわけです。

先述した通り、そういう共同体にからめとられると面倒なので、私は個別の編集者やジャーナリストとはつきあいますが、その一群とはつきあいません。同調圧力が生じますし、嫌な人ともつきあう必要があり苦痛だからです。

それを我慢していると、何のために個人で仕事をしているのかわからなくなってきます。

集団とつきあわないと、お中元もきませんし、忘年会にも呼ばれません。それが寂しいならば別ですが、気持ちがモヤモヤする人とはなるべくつきあわない方が、精神衛生上でも健全だと思います。

なるべくヒエラルキーから遠ざかる

ヒエラルキーに取りこまれないためにも、面でつきあわないことは大切です。会社や業界には必ずヒエラルキーがあるため、そこに入らないようにするのです。

意外かも知れませんが、小説の編集者などもヒエラルキー化しています。有名作家の周りに20人くらいが集まっており、作家を頂点に大手出版社や気に入られている編集者が上位にいます。その集団で毎日のように飲み歩いたりして、関係性を維持しているのです。なかには野球チームを作っている集団などもあります。

作家はそんな状態が楽しいのかというと、何をしようと全員がほめてくれますので、楽しい人は楽しいのでしょう。ファッション一つにしても、かなりおかしな服装でも指摘されません。そのため、小説家と漫画家は著名になるほどファッションが奇抜になる傾向があるくらいです。

妻が小説の装幀を手がけているため、そういう世界を垣間見ることがあるのですが、私にはとてもついていけません。性格にもよると思いますが、ヒエラルキーがある集団で盛り上がるよりも、個人との関係を大切にすることの方が有益に思います。

人を判断する7条件

現在は面でのつきあいがなくても、人間関係を選択できる時代です。いったん会社を離れれば、誰とつきあうかは個人の自由です。同僚だから、ご近所だからという制約はありません。これはとても楽なことだと思います。

しかし、一方では誰とつきあうかが人生の大切な選択になりますし、人を見る目も求められます。基本的に自分が「いい人だな」と思ったらつきあえばいいのですが、私があまり好ましくない人物と判断する条件をいくつか挙げておきましょう。

①自慢ばかりしている人
②誰かと知りあいなのを自慢する人
③自分にばかりベクトルが向いている人

④人の悪口や何に対しても文句ばかり言う人
⑤お説教の多い人
⑥物事を損得で考える人（得になりそうなので近づいてくる人）
⑦業界内の話しかしない人

以外に多いのが⑥で、同じような人たちのコミュニティができていたりします。たとえば、情報商材と呼ばれる怪しげなものを売っている人は同業者たちで一つの塊になっており、近寄ってこられると面倒ですので、私はさりげなく遠ざかります。そういう選別をくり返していると、しだいに妙な人は近寄ってこなくなります。

⑦も困りもので、業界の話には得るものがありません。もちろん、出版業界はこれからどうなるといった話はおもしろいのですが、A社とB社の人がケンカしていて云々といった話は聞くに堪えません。

こういう基準を定めておくと、ある程度はつきあう人がしぼれてきます。つきあう人の変化を実感できるようになったら、以前との違いを比較したりすることで、人間の見方が少しずつ培われていくように思います。

完璧に人を見定めることは誰もできません。フリーハンドな時代だからこそ、常に努力を続けることが大切ではないでしょうか。

嫌な人からはさりげなく遠ざかる

私は人から話を聞く仕事を長くしてきましたので、少し話せば相手がどういう人かはだいたい判断できます。近寄らない方がいいな、と思う人はどうしても一定数います。だからといって、すぐにスパッと切ると妙な噂を立てられかねません。特に現在はSNSが普及したため、人の評判はすぐに拡散してしまいます。

それはとても面倒ですので、私は「ニコニコしながら手をふりつつ、だんだん遠ざかる」という作戦を取っています。相手の悪口を言わず、ケンカもしない。「いつもお世話になっています」と言いながらフェイドアウトしていく、といった感じでしょうか。

もっとも、フェイスブックをやっていると、好ましくない人からも友だち申請がきたりします。それに応じるとかえって面倒ですので、返信せずに無視した方が無難です。

ただし、実際に会ってその場で「申請していいですか？」と言われたら断れません。その場合は、とりあえず承諾してその人のフォローを外せばいいでしょう。外されたことは相手にはわからないので大丈夫です。

私が一番嫌いなのは、あらゆることへの文句を発信している人です。身近なことから政治、経済までとにかく批判ばかりしている。ああいう記事を読んでいると、自分が暗黒面に落ちる気がしますので、とにかく遠ざけるようにしています。

谷川俊太郎さんの詩に『生きる』という作品があり、その一行に「かくされた悪を注意深くこばむこと」とあります。とても好きなフレーズで、私はそれを実践しています。

フェイスブックの2つの利点

いろいろと面倒なことはあっても、フェイスブックは絶対に使った方がいいと思います。２０１４年に上梓した『自分でつくるセーフティネット』（大和書房）でも書きましたが、フェイスブックにはおもに２つの利点があります。

一つは人間関係の持続。従来は年賀状の交換くらいしかなかったような関係が、フェイスブックでつながっていると、お互いの日常がタイムラインで流れてきます。すると、何年かぶりに会っても、それほど会っていない感じがしません。ときどき「いいね！」をしたりコメントしたりすると、さらに理想的につながっていられます。

もう一つは信用の担保。フェイスブックで相手のページを見ると、どういった友だちがいて、日々どんなことを書いているかが一つの画面で見られます。それを見れば、相手の人となりはある程度わかるものです。

たとえば、相手の友だちが商材系の人ばかりならば「これはヤバい」と判断できますし、文句ばかり書いている人もすぐにわかります。

いい人には実際に会いにいく

フェイスブックでつながって「この人いいな」と思ったら、老若男女を問わず会いにいくことです。実際に出向くことがとても大切です。

たとえば以前、ある不動産会社のイベントで、リノベーションを手がけている20代の建築家と知りあいました。一緒に登壇した場ではほとんど話さなかったのですが、懇親会で少し会話をしたところ、向こうからフェイスブックで連絡をくれました。

そこで「ぜひ仕事を見せてほしい」と返信したところ快諾してくれたため、日程調整をして現場を見せてもらい、見学後に1時間ほど話してきました。これくらいすると、人間関係がある程度固定化されて、次に会うのが1年後でも大丈夫になります。関係性の深さをどの程度にするかは、自分で判断するしかありません。私はなるべく多くの関係性を維持したいタイプなので、一人当たりはわりに薄くなります。

昨年3月には、美浜町で空き家問題を考えるパネルディスカッションをやりました。現地のNPOと一緒にやったのですが、好きな友だち4人に声をかけて、みんなで現地にいきました。

一度一緒に何かをすると、それがある程度は人間関係の確認のような作業になります。それができれば、しばらく放っておいてもそう簡単に崩れたりはしません。

網の交差点にいる自分をイメージする

以前、インターネットのコミュニティサービスは、ある広場に参加者が集まるような形式でした。旧「2ちゃんねる」のような匿名掲示板はその典型です。

一方、フェイスブックやツイッターには中心地がありません。自分のいる場所が中心です。となると、中心である個人が縦横につながっていることになります。上から見ると漁業の網のような感じで、縦横が交差する結び目に個人がおり、それが無数の糸によってつながっているような感じでしょう。

弱いつながりを維持する上で、私はそういう網をイメージすることがあります。無限に広がる人間関係の網のようなものがあって、自分は網のどのあたりの交差点にいるかというポジショニングを考えてみるのです。

別にそれは「この業界につながりたい」といった実利的な理由からではなく、なるべくいい人たちがいる関係性の中に自分を置いておきたいと思うからです。周りの人間とは面ではなく線でつながっており、あちこちに知りあいがいる。そういう感覚がとても楽しいと感じるのです。

しかも、そういう弱いつながりが役立つことはよくあります。地方に出向いていろいろな人たちと知りあうと、なかには移住の経験者などもいます。すると、思いもよらなかった場所が移住先として浮上してきたりします。明らかに選択肢が広がるのです。

もちろん、自分の結び目に近い人、遠い人はいます。しかし、それはタイミングの問題で、時に近づく人もいれば遠ざかる人もいる。距離に関係なく、全員弱いつながりと言っていいかも知れません。

たとえば、私はここ5年くらい、小さな登山の会を続けていて、何人かのメンバーと毎月山に行っています。週末は3日間一緒にいることもありますが、登山以外で会うことはほとんどありません。山に行けば一緒に楽しむ人で何も問題ないからです。

網の交差点にいる人とは常に会う必要はなく、会っている時をきちんと大切にすればいいと思います。

会社員ではなくなった自分を想定する

これまで強いつながりで生きてきた人が、弱いつながりにシフトできるかというと、それは問題ありません。私も新聞社の頃は強いつながりでしたが、仕事を辞めてから自然と弱いつながりへと移行しました。会社員から解放されると必然的にそうなるのかも知れませんが、少し考え方を変えるだけでも弱いつながりにシフトできます。

いまは会社員だとしても、リストラや定年後など自分をつなぎ止めている会社との関係が切れた時を想定し、助けてくれる人がいるかを考えてみるべきです。

年配者になるほど、会社を失う恐怖は大きいでしょう。人生にはポイント・オブ・ノー・リターン（引き返せない地点）がいくつかあると言われています。一昔前なら30代ならばまだ転職が可能ですので、さほどの不安はありませんが、40代に入ると転職はなかなか難しくなると言われてきました。子どももまだ学生だったりしますので、転職などはあきらめて、いまの会社に踏みとどまるしかないと思う人は増えるでしょう。

しかし、そうは言っていられないのが現代です。終身雇用の時代が終わった一方で、平均寿命がどんどん延びて、人生100年時代などとも言われます。となると、45歳でもまだ半分終わっていません。そこでポイント・オブ・ノー・リターンなどと言っていたら、あまりにも先がなさすぎます。50歳でもまだ半分残っているわけですから、マインドセットを切り替えて、弱いつながりを築いていく必要があります。

フェイスブックをやっていないならば、いまからでも始めてください。興味のあるイベントやサークルなどを見つけたら、積極的に参加してみてください。そうやって会社員ではない自分と誰かをつなげていけばいいのです。

プライバシーをあえて公開する

フェイスブックなどをやっていると、自然に人間関係は維持されますので、ある程度はそれに任せても大丈夫だと思います。人間関係を意識的に維持しようとすると、それはそれで面倒くさいですしたいへんです。私もあまり意識はしていません。

ただし、会った時には大事にすることを心がけています。誰かと話す時、相手への取材であれば自分の話もしますが、食事をする時などは聞かれなければなるべく自分の話はしないと決めています。そうしないと、延々と自分の話をする人になる恐れがあります。

いわば先ほど紹介した避けたい人の逆をやるわけです。相手が不快にならないよう最低限のことを守っていれば、相手にはいい印象だけが残って、自然と人間関係は続くと思います。それが一番大切なことで、あまり面倒に考える必要はないでしょう。

なお、相手が信頼の置ける人物かどうかは気になるところですが、先ほども述べたとおり、現在はフェイスブックなどで人となりがある程度は可視化されています。以前は初対面の人の情報は名刺と会った印象しかありませんでしたので、同じ業界でもない限り、信頼していいかどうかはわかりませんでした。しかし、現在は業界が違ってもSNSなどでその人となりがつかめます。

逆に考えると、他者に信頼してほしいと思うのならば、ある程度はプライバシーを開示した方がいいわけです。

かつてマイクロソフトの社員だった、ロバート・スコーブルというアメリカの著名なブロガーがいます。彼は以前、ブログとツイッターで自分がある病気になったことを告白しました。一般的に自分の病気は隠しておきたいものですが、彼はあえてそれを発信しました。すると、多くの人からその病気の権威や治療法の情報が寄せられたそうです。

結果的に彼が感じたのは、病名を公表したデメリットは何もなく、メリットだけということでした。情報を明らかにした方がいい時代なのだと実感したそうです。

多くの人はプライバシーをオープンにすることを怖がります。しかし、クレジットカード番号でもなければ、じつはさほど実害はないはずです。名前、生年月日、顔写真などを公開したところで、重大な問題が起きるとは思えません。

また、なるべく他者に価値を与えることも重要です。食べた物をフェイスブックに投稿したところで、ただの自慢にしか思われません。そこで料理の写真のほか、必ず作り方を書いておきます。それはいちおう情報提供になっているため、充分に価値のあることです。

過激な発言・批判的な発言はしない

私はツイッターで毎日発信していますので、読者からのリプライ（返信）もたくさんきます。私は穏やかな物言いしかしませんので、みなさんも穏やかな返信をくれますが、時間がたつにつれて過激化してくる人がいます。これは過激な発言の方がシェアされ、拡散されやすいからです。

シェアされる回数が増えることに一度喜びを感じると、だいたい発言は過激になってきます。これはSNSの罠と言えるでしょう。

また、発言が過激になればなるほど、普通の人は距離を置くようになり、妙な人間ばかり集まってきます。インターネットにまた変な奴が現れたと一時的に有名人になったりもしますが、本質的にはどんどん孤独に陥っていくのです。

SNSを使い始める時、知人・友人との交流手段として気軽に始めるケースがほとんどで、有名人になりたいなどとは思っていないでしょう。しかし、へたに過激なことを書くと、関係ない人からあがめられて裸の王様になっていくという構図があります。

その原因は承認欲求につきます。それは消しようがありませんので、何かを発信するのならば、やはり役立つ情報を中心にすべきでしょう。

私ももちろん承認欲求はありますから、作った料理などをたまにフェイスブックにアップしますが、ちゃんとレシピも紹介すれば、ただの自慢にはなりません。役立つ情報といってもこの程度で充分で、たとえば「ランチなう」だけではなく、レストランの情報やお薦めの料理なども紹介すれば、「うっとうしい」と思われずにすむはずです。

何か記事をシェアするにしても、批判的なコメントはしない方がいいでしょう。意外と有名企業の経営者などは誰かを批判するコメントを書きますが、「お金はあっても満たされてないんだな」くらいにしか思えません。批判的なコメントがかっこいいわけでも、頭が切れるわけでもないことを認識しておいた方がいいでしょう。

善良なインフルエンサーを探せ

インターネットから情報を得る手段は、時代の経過とともに変化しています。1990年代はヤフーなどのポータルサイトでほとんどの情報を得ていました。それが2000年代に入るとグーグルなどの検索エンジンを使用する人が増え、検索してから特定のニュースを読むなどの使い方が一般化します。

そして現在の主流はSNSになりました。フェイスブックやツイッターをチェックして、誰かがアップしてくるお薦め記事などをよく読むようになっています。つまり、人間関係と情報収集がイコールになってきているのです。

この流れに並行して、インターネット使用者の格差も変化しています。90年代にはパソコンやインターネットを使える人・使えない人に格差があり、「デジタルデバイド（情報格差）」と言われました。

一方、現在は誰でもネットを使えるようになってデジタルデバイドがほぼ消滅し、「ソーシャルデバイド」のような別の格差が生まれています。情報収集に長《た》けた人や、バランスの取れた思考の人とつながっていれば、おもしろくて役立つ情報がタイムラインに流れてきます。逆に、思想的な偏りがある人はアップする情報も偏りがちになり、自身がその影響を受ける可能性が出てきます。

あるいは、2016年あたりから「文春砲」と称した不倫や不祥事の記事が騒がれていますが、基本的にああいうゲスな情報が掲載されると、週刊誌の売り上げは上がります。あるいは、著名人のブログやツイッターが炎上していると、つい見に行ってしまったりします。

もちろん、ただ見に行くだけならかまいませんが、基本的にそれらの類いは体育館裏の暗がりでこっそり読むものです。社会的な話題の中心にすえるべきではありませんし、自身がそれに加担して、悪口などを書いてもいけません。うっかり書いてしまうと、そういう価値観の人が続々と寄ってきます。

なかには非常に激しい発言をしている著名人もいますし、それが好きでフォローしている人も少なくないでしょう。しかし、激しい発言ばかり読んでいると、自分も激しい発言をしてもかまわないような気がしてきます。それでうっかり何事かを書くと、しっぺ返しをくらって大炎上するという事態を招いたりするのです。

インターネットの世界を歩くには、そういう方向に行かないよう注意が必要です。そのためには善良なインフルエンサー（影響力の大きい発言・行動をする人）だけをフォローし、そこに集う善良な人とのやりとりを中心にすべきです。

他者との相互作用で個は築かれる

人間はある意味で自分という殻に閉じこもっており、自分＝個を守りたいからプライバシーの開示を怖がります。

しかし、最近考えるようになったのですが、じつは個という存在はさほどのものではなく、すべては相互作用（多様な価値観の接触）から生まれるものなのではないでしょうか。他者との関係性の中で個のパーソナリティは決まるものであり、生来的な個の要素は大きな意味を持たないということです。

周囲の人間と完全に孤絶した生活をしていたら、個など意味をなしません。相手から何かを言われた時にどう返すかによって、自分自身の人間性を理解したり、築いたりするわけです。

1990年代に読んだ倫理学の本に、「自分探しとは何か」というテーマがありました。当時は自分探しが流行しており、たとえば会社を辞めて世界を旅したOLが、本当の自分をパリのセーヌ川に見つけたといった内容の本がよくありました。

しかし、その倫理学の本によると「それはおかしい」と。本当の自分がどこか遠くにいるというのは大いなる誤解で、会社の同僚や友人といった身近な人間関係の中にしか存在しないと述べていました。まったくその通りです。

個を高めたいのであれば、他者との相互作用をより良くする方法を考えることが一番大切だと思います。

面ではなく一本一本の線をきちんと愛おしむ。同調圧力を生まないようにする。ときどきフェイスブックで相手の行動を確認する。会った時には大切にする。そういう弱いつながりが、個を鍛えることにもなるのではないでしょうか。

相互作用は境界線の揺らぎを生む

結局、先に述べた相互作用が世界的に起きているのが現代と言えるでしょう。しかも「これは正しい」と言える倫理の軸のようなものがないため、相互作用の成り行きによっては何でも問題化してしまいます。

相互作用の社会にあっては、「やっていい場合も悪い場合もある」ではなく、相互作用によって不快な人がたくさん出てきたという事実を認識する必要があります。物事を一つの軸で考える時代は終わり、相互作用を中心に考える時代になったのです。

不倫問題などはその典型で、本来は極めてプライベートな話であり、社会には何の関係もないはずです。ところが、それを踏み越えてパブリックがプライベートに浸透し、あるいはプライベートがパブリックに侵出する事態が起きています。これは双方の境界線が揺らいでいるからでしょう。

ツイッターでも、アイスクリームの陳列ケースに入るなど非常識なマネをして非難される人たちがいます。それも境界線があいまいになっているのが大きな原因でしょう。自分をフォローしている仲間しか見ていないと思っていたら、全員が見ていたわけです。

こうしてたまに炎上が起きますが、これもまた相互作用の一面と言えるでしょう。

一昨年に出版された『ネット炎上の研究』（勁草書房）によると、アンケートで「炎上に加担している」と回答した人は、ネットユーザーの0・3%しかいないそうです。

しかし、加担しているつもりはなくても、じつは参加者になっているケースがあります。たとえば、テレビに向かって「けしからん」とは誰でも言いますが、それがツイートになり、さらに1万人集まると石つぶてになります。「いや、後ろの方からちょっと投げただけ」と言っても、それを1万個投げられればその人は死んでしまうでしょう。自分たちは小さな正義を行使しているだけと思っていても、それが凶暴な力となり得るのが現代社会なのです。

周囲の人間に恵まれるよう関係の取捨選択を

最近は個を高めるためのノウハウ本が多くありますが、前述したとおりむしろ他者との関係性を高めることによって、よりよい個は築かれます。

自分というのはしょせん鏡のようなもので、自分（個人）だけを見てもその人となりはわかりません。どんな人間と関係を築いているかによって、鏡のように自分自身が逆照射されて見えてくるのです。

したがって、自分が高みにいると自信を持つ人より、自分にはまったく自信がなくても、周囲の人間に恵まれている人の方がずっと魅力的です。私も人間関係をある程度取捨選択するよう努めていると、ときどき「周りにいい人が多いよね」と言われます。それはとてもうれしいことです。

生きている限り、何らかのトラブルが起きるのは避けられません。しかし、人間関係のこじれといったムダなトラブルはなるべく避けたいですし、自分の意識しだいで避けられます。そういう観点からも、「いいな」と思う人が常に周りにいるようなつきあい方、自分にとって少しでも害をおよぼす人から遠ざかる努力をしましょう。

必要なのは「コミュ力」ではない

人とつながるスキルというと、コミュニケーション力と思う人もいるでしょう。しかし、一般的にコミュニケーション力とは、よどみなく快活に話せるようなスキルを言います。それが必要とされる場面もありますが、場合によってはうさんくさいですし、むしろ信頼感を失うこともあります。

人とつながる場合、別に寡黙でもかまいません。寡黙で、朴訥《ぼくとつ》で、嘘をつかない。よく話すわけではないものの、自分を好いてくれていることは何となく伝わる。そういう人の方がよほど信頼されますし、一緒にいて安心感があります。

新聞記者をしていた頃、絶対に勝てないと思う特ダネ記者が何人かいました。その人たちは弁が立ってかっこいいかというとまったく逆で、とても地味なのです。地味だけれど、素朴で人に安心感を与える。そういう人の方が秘密を守ったり、嘘をつかなかったりする印象を与え、警察官に信頼されやすいのです。

部長・課長・係長といった一般的なヒエラルキー構造で言えば、大きい声でよどみなく話す方が意見は上に届きやすくなります。多くの人間関係はヒエラルキー構造になっているため、そういうコミュニケーション力を必要とするわけです。

しかし、関係性がフラットな構造では上に向かって大きな声をあげても、横には届きません。横に届けるには、むしろヒソヒソ話した方が効果的です。

たとえば私の新聞社時代の上司で中島健一郎さんという名物記者がいます。彼は、取材の時には、相手と向きあわずに、相手の横に座れと教えてくれたことがありました。そして、取材相手の太ももに手を置いて、一言。「ケンちゃんて呼んで」

私は大笑いしましたが、それで絶対に相手は落ちるそうです。男性がやったらかなり気持ち悪いのでしょうが、意外にもそういうのがウケるらしいのです。へたに論理立ててベラベラ話す記者の方がネタを取れません。

事件記者の場合、取材の相手は「その件は絶対に言えない」という人が多いため、いかに気持ちよく話してもらうかが勝負になります。そのため、記者たちは相槌の打ち方、間の取り方、口調などを総動員して話を引き出します。気の利いた言葉を無理に考えるよりも、「しっかり耳を傾けています」という姿勢を見せることが大切なのです。

人とのつながりに必要なのはコミュニケーション力にあらず。フラットな構造で求められるのは、話し下手でもいいのでまずは相手を大切にして、話を引き出したり、TPOに応じた声の出し方をすることだったりするのです。

大切なのは笑顔、好奇心、謙虚さ

外に出ていくには、誰とでもつきあえること、ありていに言えば、人見知りをしないことが求められます。

私は新聞記者でしたので、否応なく鍛えられました。学生時代までは一人で登山をしていたくらいですから、とても人見知りで無口な若者でしたが、社会人になって1年後くらいに友人に会ったら「佐々木、いつからそんなにおしゃべりになった？」と言われるようになりました。鍛えようと思えば誰でも鍛えられるのです。

人見知りをせず、フェイスブックなどで知りあった若者たちと仲良くしている年配者は決して少なくありません。おもに若者向けのイベントでも、必ず何人かは年配者がいます。そういう人たちの行動を見ていると、理想的な年上像がわかってきます。

一つにはいつも笑顔でいること。難しい顔をしていたら、やはり嫌われます。

もう一つは好奇心旺盛なこと。たとえ笑顔でも、じっとしていたら気味悪く感じます。参加している若者が何かやっていたら、「それは何をしてるの？」「僕にも教えてください」といった感じで話しかけることがとても大切です。

年配になると、年上ならではのてらいのようなものがあります。あるいは、若者に教えを請うのが恥ずかしい人もいるでしょう。そういう気持ちを捨てて、謙虚な姿勢で積極的に近づいていく人は年齢に関係なく好かれます。

若者の集まりでなくとも、基本は一緒です。世の中にはボランティアもあれば、スポーツのクラブもあります。あらゆる社外活動がすぐに見つかるのですから、笑顔と好奇心、謙虚さを忘れずにどんどん参加してみればいいと思います。

自分のプライドを見直してみる

社会が劇的に変化する時代、若い人との交流はとても大切です。特にテクノロジーの変化が激しいと、若い人の新しい知見はとても重要になります。

そのうち、若い人の方が自分の知らないことをたくさん知っているという状態が普通に起きてきます。そうなると、年齢に関係なく相手をリスペクトして、教えを請わなければなりません。私はもう10年以上そんな状態です。

年長者が若い人をリスペクトできないのは、面倒なプライドの問題でしょう。でもそういうプライドは100%間違っています。

年上の方が偉いと考えているのか、年上であること以外にプライドを持てないのかは不明ですが、非常に時代錯誤だと感じます。

たとえ大会社で偉い立場であったとしても、会社という枠から出たらその看板・肩書きを外せる人の方が、よほどかっこいいのではないでしょうか。自分がやってきたことに誇りを持っている人ほど、変なプライドに固執せず、若い人に教えを請い、自分のものにしていっています。70歳ぐらいで人生をふり返った時に「正しいプライドを持って生きてきた」と思えるように、自分が持っているプライドを見直してみてください。本当のプライドは偉そうにすることではなく、他人のことを素直に受け入れるところから生まれてくるのです。

小さな一言を忘れずに伝える

弱いつながりを維持するには、ちょっとした気づかいも大切です。

たとえば、旅行で知りあった人や、お世話になった人には一言でかまわないのでメッセージを送る。高齢者には手書きの方が喜ばれるかも知れませんが、相手が若い人であればメールやSNSでかまいません。

私は仕事柄編集者とかかわる機会が多いのですが、こちらが苦労して原稿をまとめたのに、何の感想もくれないととても寂しく感じます。ほんの一言でかまいませんので、何か伝えてくれるとうれしい。そういうささやかなやりとりが、いまだに人間関係の土台になっていると思います。

私も出会いや感動がなるべく旬なうちに、お礼や感想などを書くようにしています。フェイスブックのメッセンジャーやラインを利用することで、それが手軽にできるようになりました。

SNSは書く時に気合いを入れる必要がないため、とても便利です。メールだと最初に「○○様」とつけたり、用件のみを送ると冷たい印象を与えたりしますよね。するとどうしてもハードルが高くなり、きちんとお礼を書くには文章を練らないといけません。そうなると、「すぐには書けないから明日にしよう」と、どんどん後回しにしてしまいます。

弱いつながりを維持するには、ほんの一言でいいのでお礼やごあいさつを忘れないこと。できれば「すぐ」に伝えること。現在は高齢者でもSNSなどを使っている人もいます。相手によって、便利なツールをうまく活用してください。

一番大切なのは持続性がある関係

ところで、知りあい全員が弱いつながりでは、やはり不安定な感じがすると言われます。だからといって、すべての人との関係性が家族や恋人くらいに強いつながりになっても息苦しく感じるでしょう。

結局、強弱のバランスが大切なのですが、いまの時代は極端な方が好まれる傾向があり、適度なバランスはあまり注目されません。

人間関係も偏りすぎると持続しません。強い・弱いを基準にするのがわかりにくいのであれば、持続性がある関係を維持することを念頭につきあえばいいでしょう。それぞれ、相手との関係を末永く続けたいと思った時に「ちょうどいい」と思える会う頻度、連絡を取る頻度があるはずです。

「愛憎一体」という言葉がある通り、強く愛しすぎると、憎しみあうようになるのも早かったりします。持続性の観点から言えば、燃焼しすぎない方がよいのです。

仕事も持続性がないとつまらない

仕事にしても、最近の若い起業家たちが重要だと考えているのはやはり持続性です。一気に会社を大きくして、大もうけして引退といったことは考えていません。大きくなくてもいいので、何十年も持続できるビジネスをしたい。なによりも社会に価値を提供すること、それによってそれなりの報酬を得ること。彼らはそのバランスを長く保っていきたいと考えています。

なかには40代くらいで大もうけして引退した人もいますが、あまり楽しそうには見えません。やはり社会に貢献している実感がないと、人生はつまらないのでしょう。

ある精神科医に聞いた話ですが、そういう大金持ちから相談を受けたそうです。高級車に乗っても、美食三昧しても、キャバクラで豪遊してもまったく楽しくない。そういう人たちには、「ボランティアをしなさい」と勧めたそうです。それからボランティア活動に熱中するようになり、いまはとても楽しんでいるとのことでした。

昨年『生涯投資家』という本を上梓した村上ファンドの村上世彰さんも、かつてはあんなにアグレッシブだったのに、いまはボランティア活動をしているそうです。あるいは、ビル・ゲイツにしても現在は慈善活動家です。

結局、大切なのは莫大なお金ではないわけです。継続的に社会にコミットしつつ、自分が生活できるだけのお金を得ることが一番理想的な人生と言えるでしょう。

夫婦関係をフラットに保つ方法

夫婦関係も基本的には友人関係と同じです。夫婦は仲良く、しっかり会話するなど、「こうあるべき」という固定概念があるとむしろうまくいきません。

物理的な距離が近いため、無理に近づけようとすればうっとうしく思われますし、無理に遠ざけようとすれば相手が追いかけてきます。ある程度の距離を保っておき、「遠くにいて愛おしい」と思うくらいがちょうどいいのではないでしょうか。

夫婦関係にしても、網の結び目上の様々な関係の一つという捉え方の方が大事ではないかと思っています。夫婦であろうと、強いつながりにしてしまうと同調圧力が生まれ、相手から過度な期待を背負わされたり要求が過剰になったりするようになり、持続しにくくなります。

そうはいっても、家族との絆は大切ですので、安定した関係を持続させるためにつなぎ止めるものは何かということを捉え直しておくべきでしょう。おそらくそれは行動をともにすることなどではなく、生活をともにしている気楽さだと私は考えています。

気楽にすごすには、同じ趣味である必要はいっさいありません。たとえば、私と妻は音楽の趣味があわないので、一緒に音楽は聴きません。私は自分の部屋で音楽を聴きながら仕事をしていますが、妻は別の部屋で違う音楽を聴いています。映画、本ももちろん別ですし、旅行も年に一度くらいしか一緒には行きません。

ただし、部屋が片づいていた方が心地よいことや、家具の趣味などは一致しています。生活をともにするのは家族しかいませんので、共有する空間については一緒に作った方がいいかも知れません。また、あまりに趣味が異なると、かなり辛いと思います。

食事を一緒にしないのも不健康ですので、食事の趣味もできればあっていた方がいいでしょう。そうはいっても、毎回一緒に食べる必要はありません。一緒に食べる時にはメニューがお互いの好みにあうよう努めれば充分ですし、毎日三食一緒に食べるよりも、1週間ぶりに「久しぶり」と言いあいながら食べた方が新鮮さが持続します。

共通の友人が少ない方が夫婦は長続きする

共通の友人をあまり作らないことも、私たち夫婦の特徴かも知れません。もちろん、一定数は共通の友人がいますし、一緒に会うケースもありますが、あまり増やしすぎないようにしています。お互いのコミュニティがどんどん小さくなってしまうからです。誰かの話をする時も、固有名詞はほとんど出しません。「僕の友人がね」といった感じです。

実際、アメリカで行われた研究で、共通の友人が少ない方が夫婦は長続きするという結果があるそうです。たまに結婚前のカップルがお互いの友人を紹介しあったりしますが、それはむしろ避けるべきだと思います。

私たちもある時期までは無自覚でしたので、わりあい友人を共有化していましたが、ふと「これは良くないんじゃないか」と感じて共通のコミュニティと距離を置くようにしました。理由を問われると難しいのですが、相手が見えすぎることを避けた方がいいと考えたためでしょうか。

夫婦であろうと、お互いにある程度謎めいている方が恋愛感情は維持されやすいものです。相手のすべてを知り尽くすと、とたんに自分との境界線が曖昧になり恋愛感情が消失するという例は少なくないでしょう。

恋愛感情とまではいかなくても、多少の緊張関係というか、お互いの礼儀のようなものがあった方が持続性が保たれると思います。

この程度に気をつけておけば、少なくとも夫婦の持続性は保たれると思いますが、人から困惑されることも少なくありません。

私たちは夫婦で取材を受けることが割とよくあり、ステレオタイプな質問として、必ず「本当に愛しあっているんですか？」と聞かれます。それに対して私が「いや、愛しあっていません」と答えると、みなさん怪訝な顔つきになるので困ってしまいます。

一緒に暮らしていようと、もともと他人であることには変わりません。生活の価値観はある程度は一緒でないと辛いですが、趣味が違うことをとやかく言っても仕方ありませんので、お互い押しつけあわないことが大切です。あるいは、相手に期待しすぎないことです。

なかには結びつきがとても強い夫婦もいると思いますが、持続させることが難しいのではないかと思います。そもそも恋愛と結婚は別です。もちろん、恋愛が入口になって結婚するのが一般的ですが、恋愛状態を延々と続けるのは不可能です。恋愛が終わった後に、どうやって持続させるかの方が大切ではないかと思います。

私たちも試行錯誤をしつつベストの関係を築いてきました。当然、かつては同調圧力もありましたが、角が立たないように減らしていき現在がある感じです。

所詮は他人であることを念頭に

親子についても、強いつながりは持続しにくいと考えています。

昨年、脚本家の橋田壽賀子さんが書いたコラムによると、彼女はずっと一人暮らしで、同年代の女性の友人から「橋田さんは子どももいなくて本当にかわいそう」などとよく言われたそうです。しかし、その女性の子どもは独立して家から出て戻らず、ご本人は失意のうちに亡くなったとのことでした。

老いた親は「子どもの世話にはならない」などとよく言うものの、内心では期待している。しかし、子どもがそれに応じないと、逆に裏切られたような憎しみに変わってしまう。心の隅であっても、関係性の強さを期待しすぎると、あまりいい結果を招かないといったことを橋田さんは書いていました。まさしくその通りだと思います。

相手への言いたい放題を我慢する

賃貸の一戸建てに住んでいた頃の話ですが、近所に一人暮らしの高齢者がいました。私たちもそれなりに心配してしだいに仲良くなったのですが、仲良くなればなるほど「ゴミは朝6時から8時の間に限って出してほしい」といった要求が多くなっていきました。

誰かに何かを要求したいけれど、過剰だと失礼なので我慢する。人間社会はそういう我慢で成立しています。ところが、距離が近づけば近づくほど我慢しなくなり、言いたい放題になっていきます。親子や夫婦の関係もこれと同じです。

言いたい放題がプラスになることはまずありません。全部吐き出したところでもんもんとした気持ちは消えませんし、言われた側ももんもんとします。それが増幅していくと親子ゲンカや夫婦ゲンカに発展するわけです。

ケンカを避けるには、言いたい放題になってしまわない段階で我慢することが一つの秘訣です。

ある程度の年齢になったら、子どもが親元を離れることも重要でしょう。やはり物理的な距離が開くと、お互いを尊重する関係性になっていけるはずです。

ただし、まったく会わないほど疎遠になるのはまた問題ですので、フェイスブックやラインなど一定の距離を保つツールを駆使してほどよく調整すればいいでしょう。電話をすることが面倒で連絡を先延ばしにするくらいなら、ＳＮＳでメッセージを送りあうくらいで充分だと思います。

「たまにくる人」程度に調整を

私の例にもあったように、他者との親密な関係は面倒の種になる可能性があります。

世界中を旅している作家の小林希さんは、瀬戸内海の讃岐広島という島でゲストハウスをしています。何となく訪れた島だそうですが、現地の高齢者から「いずれは無人島化してしまう」といった話を聞き、何か力になりたいと考えてゲストハウスを始めることにしました。

当初は地元の人も好意的でどんどん話が進んだのですが、仲が深まれば深まるほど小林さんに求めるものが大きくなっていったそうです。「なぜ頻繁にこないんだ」「なぜ他の島へ遊びに行くのか」といったことを言われ、何度もケンカになって、悲しくて泣いてしまったこともあるとか。

これは地方に行くとよくある話です。地方の人は、その村に住んだら100％村の人間になるべきといったマインドを少なからず持っています。

これは、すべての人間関係において言えることです。関係が親密になると相手は遠慮がなくなり無理な要求をするようになります。友人などはもちろん、時には親子関係でも「たまにくる人、会う人」くらいの意識を持ってもらえるように調整しておくと、お互いに気持ちも楽で長続きします。

第3章 「弱いつながり」を仕事に落としこむ

不安と不安定はまったくの別物

浅く広く生きるには、どこかに帰属しないことも重要でしょう。会社に属していないと不安を感じるかも知れませんが、会社という大きな箱の中にいなくても、細いセーフティネットのような網がたくさんあれば、とりあえず居場所はあります。堅牢な要塞だけではなく、網の不安定さを大事にする。そういう気持ちの切り替えが重要です。

大企業であっても明日がわからない現在、その会社以外に関係性がなければ不安に決まっています。だからこそ、不安定ではあるけれどたくさんの関係性があるから大丈夫という安心感を築く。不安と不安定はまったくの別物です。

いまの時代、10年後に何の仕事をしているかはわかりません。いまの仕事はＡＩにとって代わられるかも知れませんし、求められる仕事は時代によってどんどん変化します。たとえば、20年前はウェブデザイナーも、電子書籍の編集者もいませんでしたが、いまでは普通の仕事になっています。

先にも述べましたが、私も２００８年の出版不況の時、出版社が倒産する様子を見て、自分はフリーで大丈夫だろうかと不安になったものです。その一方、10社程度は取引がありましたので、1社くらいなくなっても何とかなるという安心感もありました。わかりやすく言えば、そういう状態を作っておくということです。

人間関係によって仕事が回る

私はフリーになった当初、自分の価値をどこまで上げるかを計算していました。執筆の仕事は厳選していましたし、講演なども一定の金額以下では受けませんでした。安い金額で受けると前例を作ってしまい、業界全体にも影響するという理由もありました。

しかし、それで価値が維持できたかというと、そんなことはありませんでした。もちろん、私にしか書けない記事はあります。そういう自負はあるにしても、自分の価値がそこにだけあるわけではありません。

結局、誰とつながっているか、どういう人間関係を持っているかの方がウェイトとしては大きいと思うようになったのです。そのためこの6、7年は基本的にオファーは断りません。無報酬の講演や対談などを引き受けるのもそのためです。

そういうやり方にした結果、仕事のリズムのようなものができてきました。仕事がたくさん入ってくることもあれば、しだいに減っていく時期もあり、その波が2、3年周期で訪れます。つまり、一つのプロジェクトが始まって、2年くらいでだいたい先が見えてくる。すると、また次の仕事がやってくるといった感じです。

人間関係が広いと、そういうサイクルが生まれることを実感しました。

機動的な働き方が一般化しつつある

伊豆半島の南端にある南伊豆町では現在、地元にあった病院の跡地をリノベーションして移住者を募り、新しい共同体を築いてもらうというプロジェクトを進めています。その活動を見学がてら、みんなで草刈りをするというイベントがあり、昨夏に私も参加してきました。夜には若いメンバー10人前後と民宿に集まり酒盛りをしたのですが、おもしろかったのは誰一人として自分の肩書きを言えなかったことです。もちろん、無職というわけではなく、いろいろな仕事をして食べているため、一言では説明できない人ばかりだったのです。

そういう生き方・働き方がわりあい普通になっています。いろいろな仕事を少しずつやり、それぞれの場面で違う人たちとつながりながら生きていく。何かの収入がとだえても、他の仕事があるから何とかなるという方法が当たり前になりつつあるのです。

そういう生き方・働き方ができるのは、いろいろなスキルを身につけているからと思われがちですが、じつはまったく関係ありません。入口はスキルではなく人間関係です。知りあいから何かを頼まれたら、ちょっとやってみる。できそうだと感じたら、少し追求してみる。そのくり返しで、いろいろな仕事を手がけられるようになるのです。

なかには明らかに無理だと感じる仕事もあるでしょうから、それは除外すればいいだけの話です。自分の向き・不向きをだんだん理解していけばいいでしょう。

フリージャーナリストにしても、現在は仕事のやり方が様変わりしています。10年ほど前は筆一本で食べていくようなイメージで、文筆力さえあれば人間関係など不要。つきあうのは業界内の人だけという同業者がかなりいました。

しかし、現在は編集者や取材先以外でもいろいろな人とつながっており、気がついたらクラブでDJをやっていたり、大工や農家になっていた、という人もいます。そういうことをしているうちに何となく別の可能性を見つけて、領域を広げていくことが珍しくありません。

いわば機動的な働き方が、一般的になりつつあるのです。

くり返しますが、その時に必要なのはスキルではありません。あるスキルでは食べられないような状態になった場合でも、「こっちにおいでよ」と別の入口に誘ってくれる友人や知人がいるかどうかの方が、むしろ大切なのです。

1万人に一人のようなスキルがあれば、どんな時代になろうと生きていけるでしょうが、そんな人はまれです。むしろ人とつながるスキルを備えることが一番大切なのです。

就いた仕事を神聖視してはいけない

不本意な就職をした人は少なくないはずですが、その仕事が自分の人生のすべてではありません。あまり仕事を神聖視せず、もう少しゆるく考えてもいいと思います。

私の若い友人で、熊本で「サイハテ」という小さな共同体を仲間と運営しているチコ君は「自分の一生の仕事を見つけるのに就活一発勝負はおかしい。100種類ぐらい仕事を何年も経験しているうちに、だんだん自分の向き・不向きは見えてくる」と語っていました。こういう感覚が大事だと思います。

アメリカなどはわりあい転職フリーな社会ですから、軍人が30歳ぐらいで退官してから大学に行き、研究者になったりする例もよくあります。20代前半のわずか数年間ですべて決めるというのは、どこか間違っているような気がします。

現在は副業禁止規定もなくなりつつありますし、週末に何か活動をしようと思えば、いくらでも受け皿は用意されています。生業以外に何かをするハードルはかなり低くなっていますので、何らかの活動をしているうちに、自分に向いた仕事や、追求したい何かが見えてくることもあるでしょう。

何が仕事になるかなどまったくわかりません。本を読む時間もないぐらい働いていた人が、ふとした時に一冊の本を読んだことで何かに出会い、まったく違う道が開けたということもしょっちゅうあります。

人生はピースを埋めていく作業

私はあまり「仕事」を定義しないようにしています。

たとえば、人に会うために新潟県の山古志村に行ったときのことですが、前日その旨を妻に告げると「仕事？」と聞いてきました。私は「いや、仕事かも知れないし、仕事じゃないかも知れない」と返しました。

妻以外でもこういう会話はたまにあり、どこかに行く（行った）話をすると仕事かどうかをみんな聞きたがります。おそらく収入が得られる行動を「仕事」としているのでしょうが、ジャーナリストは取材＝お金にはなりません。文章を書いて初めてお金をもらえますので、取材が仕事かどうかははっきりしないのです。これはクリエイターや企画、経営戦略などさまざまな分野の職業にも当てはまることでしょう。

昨年は北アルプスに沿って松本と糸魚川をつなぐ「塩の道トレイル」というコースを延々と歩きました。完全に趣味ですが、その蓄積が原稿の材料になったりしますので、仕事になる可能性があります。

このように何らかの経験が自分の身になるという点で考えると、何が仕事か仕事でないかを区分するのはナンセンスな気がします。もう少しトータルに自分の人生を捉え、多くのパーツを組み立てていくような感覚を持つとよいのではないでしょうか。

イメージとしては５００ピースぐらいでできたジグソーパズルのような感じです。ピースを少しずつ埋めていく中で、直接お金になるものもあれば、ならないものもあります。人間関係も同じで、明日10万円になる仕事をくれる人もいるでしょうし、長くつきあっても一銭の得にもならない人もいます。

しだいにピースを組み立てていくと、自分の全体像が出来上がっていきます。それにあわせてお金になる仕事も副次的に入ってくれば、とりたてて仕事かどうかを意識する必要はなくなるでしょう。

わらしべ長者的収入は誰にでも手にできる

会社員の場合、週５日間、一日の３分の１を拘束されるのが仕事という感覚でしょう。しかし、それが楽しければ仕事と考えないかも知れませんし、残りの３分の２にも仕事になり得る何かが眠っているはずです。

たとえば、ある時自主映画を制作しているプロデューサーのAさんが「作品をどう宣伝すべきか相談に乗ってほしい」と連絡をくれました。DVDを観るとおもしろい作品でしたのでそう伝えると、今度は監督と一緒に訪ねてきたため相談に乗りました。

その1年後、Aさんが、「佐々木さん、アウトドアやりますよね」と、また連絡をくれました。どうやら私のフェイスブックを見たらしく、カヤックに誘ってくれました。私はまったくの初心者でしたが参加したところ、Aさんはもともと広告マンだったため、広告業界の人が4人ほどきていました。その人たちともすっかり仲良くなりました。

さらに1年後、その時一緒にカヤックをした一人が「ある食品会社の動画に出演してほしい」と連絡をくれました。それで15万円の収入です。

わらしべ長者のような話ですが、こういうことは誰にでも起こり得ます。どこでスタートした人間関係が、最終的な収入になるかなどわかりません。Aさんの相談に乗った時点ではお金になっていませんし、広告業界の人たちとカヤックで遊んだ時も「仕事こないかな」などと考えてもいません。結果的にお金になっただけの話です。

時間＝仕事でもなければ、仕事＝お金でもありません。あらゆる行動を「ためになるかも知れない何か」くらいに考えておくと、気持ちの余裕にもつながるはずです。

現代にマッチしている「まれびと」

岩手県遠野市から新しい地方ビジネスの形を作ろうとしている「ネクストコモンズラボ」というＮＰＯがあります。中心的な運営者は10年以上交流がある林篤志さん。以前は高知県土佐山村という田舎で農業をしていましたが、思い立って遠野に移住した人物です。

彼は総務省が行っている「地域おこし協力隊」という事業を利用して、地域の活性化と起業家の支援に取り組んでいます。

その事業では年間一人当たり４００万円程度が国から支給されます。そのうち月16万円程度ずつを、彼が募った起業家に支給し、ビジネスの立ち上げを手伝うという内容です。起業家にはクラフトビールの醸造家、土産物をデザインするデザイナー、カフェの経営者など、多彩な顔ぶれが集まっているようです。

３年くらいその事業を手がけていますので遠野に腰を落ち着けるのかと思っていたの

ですが、遠野はスタート地点にすぎないそうです。遠野で成功したらまた別の町に行き、全国にどんどん展開していきたいと考えています。

私はその話を聞き、「彼はまれびとだ」と感じました。まれびと（稀人）とは文字通り「ごくたまにくる人」という意味です。

少し説明しましょう。おそらく感じる人は感じると思いますが、森の中に行くと「この空間に何かいるな」と思うパワースポットのような場所があります。とても神々しい感じがするので、しめ縄を張ってみんなで祀ろうしたのが神社の始まりです。

グラフィックデザイナー原研哉さんの著書『白』（中央公論新社）によると、当初は屋根も何もなく、しめ縄だけがある状態だったため「何もない真っ白な場所」ということで「しろ」と呼ばれていました。しかし、仏教が伝来して社殿が造られ始めると、神社にも屋根が備えられるようになり、「やしろ」と言われるようになったのです。

日本の神様は、そういう何もない場所にときどきやってきて、何かいいことをして去っていく。民俗学者の折口信夫はそういう存在を「まれびと」と呼びました。

現代の日本には、まれびと的な人物が非常にマッチしていると思います。第2章で、他者との関係を「たまにくる人」程度に調整した方がよいと述べましたが、仕事にも同じことが言えます。特定のコミュニティにどっぷりはまるのではなく、何かの役割を果たして去っていく。ときどきは様子を見にくるものの、またどこかに行ってしまう。そう簡単ではないものの、まれびとになれれば、どこにいようと必要とされる人であり続けるでしょう。

『君の名は。』はまれびとの典型

まれびととして重要なのは、たまに訪れた時には相手をとても大切にすることです。ただたまにしかこない人だと、稀なだけの人になってしまいます。まれびととは、たまにしか会えないから愛おしさがある人のことを言います。

大ヒットした映画『君の名は。』（新海誠監督）は、そういう出会いの愛おしさをうまく具現化した作品だと思います。固定的な人間関係ではなく、薄い出会いこそがとても愛おしいというメッセージと言えるでしょう。

映画はやはり時代を映す鏡で、１９７０年代には逃走する邦画がとても流行りました。

当時、有名な映画会社だった日本アート・シアター・ギルド（ATG）の作品には、『祭りの準備』（黒木和雄監督）、『青春の殺人者』（長谷川和彦監督）など、息苦しい人間関係から逃げる映画がたくさんあります。

それが2000年代に入ると、出会うことの愛おしさにテーマが変わってきました。同調圧力の強い共同体が崩壊してきたことの裏返しとも言えるでしょう。

多様な力学が作用して数字に表れる

人間は数字にとらわれると、不幸になるだけです。ツイッターなどでも、フォロワー数やシェアの数などを気にする人がいますが、それに何の意味があるのでしょう。誰かの発言が1万回シェアされて、自分は100回だったとしても、その対象が誰かによって価値は異なります。

仕事にしても同じです。営業マンなどの場合、自分の担当地域の数字が他地域に比べて低ければ、それはやはりショックでしょうし、コンプレックスにもなるでしょう。しかし、数字の良し悪しには何が影響しているのか容易にはわかりません。

『データの見えざる手』（草思社）などの著書がある矢野和男さんは日立製作所の研究者ですが、営業マンだけが成果をもたらす人材なのかどうかをＡＩを使って研究しています。

日立の社員数千人に協力してもらい、オフィスの中をどういう経路でどこに移動したか、誰と誰が会ったかといったデータを、ブルートゥースを利用して記録しました。

それにより社内の誰がハブになっているかが判明しました。たとえば、ある部署ではさまざまな雑用を引き受けている女性が人間関係のハブになっており、その人のお陰で営業成績が上がっているという結果が可視化されたそうです。

つまり、営業マンだけで成果を上げているわけではなく、いろいろな裏方が数字に影響を及ぼしている。逆に考えれば、営業成績がマイナスだったとしても、その責任は必ずしも担当の営業マンだけにあるのではなく、部署内での人間関係の力学が作用した結果にすぎないとも言えるわけです。

自分でつかんで前に進むしかない

そうは言っても、とにかく現在の会社で何らかの結果を出したいと思う人はいるでしょう。辞めるにしても、結果を出してから辞めようと思っているかも知れません。

そういう人は川でおぼれているような状態で、とにかくもがき続けます。しかし、いくらもがいたところで、泳げなければ陸にはたどりつけません。もしくは、上からロープでも垂らしてもらうしかないでしょう。

昨今はそういう人が増えたためか、ロープになりそうな自己啓発本が山ほどあります。自己啓発本が好きな人は即効性を求め、何冊も似たような本を買います。ロープをつかめば、一瞬にしてヘリコプターに引き上げてもらえると思っているのです。

しかし、そんなわかりやすいロープは世の中にありません。あるのはせいぜい川に渡してある一本の綱くらいで、それをつかんだだけでは助かりません。必死でつかみながら、自力で陸に進むしかないのです。

カヤックに凝った時期があります。激流下りは楽しいのですが、よく転覆する上、体が固定されていますので、力を込めて腰を引き抜かないと艇から出られません。それはもう怖いので必死でもがいていると、インストラクターの若いお兄さんから「佐々木さん、生きてる感じするでしょ」。たしかに、生きている感じ満々でした。

仕事でもがいている時と、徒渉やカヤックでもがいている時。必死なのは同じなのに、なぜ仕事では生きている感じがしないのでしょうか。

それは与えられた仕事をこなすことや、辛いブラック労働などはただ押し流されるだけで、自力で動かしている感覚がないからです。自分でつかんだものが自分の力で動いているという自立性を感じられることが、一番大切だと思います。

新聞は読まなくてもいい!?

元新聞記者が言う台詞ではありませんが、私は新聞を読みません。

新聞を読むことが知の証明のような固定概念がいまだにありますが、情報をとりまめて仕入れるだけであれば、新聞である必要はありません。

ニュースを知りたいのであれば、ヤフーニュースでもスマートフォンアプリの「スマートニュース」でもいいでしょう。ちゃんと政治、経済、社会などに分かれていますので便利ですし、ニュースの関連記事にもおもしろい内容のものがあります。

ただし、たとえば「トランプ大統領が来日して日米首脳会談をした」というニュースをいくつも読んでも仕方ありません。なるべく違う切り口の記事を探して読み、複数の視点を持っておくとよいでしょう。

つまり、事実だけではなく、「来日が北朝鮮に与える影響」などに言及した記事を読むわけです。特に現代は物事の見方が固定化されがちなため、なるべくそれを避ける手立てを考えておくことが大切です。

そうしないと、容易にデマに巻きこまれます。特にインターネットはエコーチェンバー化（同じ意見の人だけで話しあううちに、それが正しいと全員が信じこむこと）が起きやすく、何らかの情報について「それはデマだ」と否定する記事を読まなくなる傾向があります。そうなるとカルト集団の一員のようになるため、気をつけないといけません。

たとえば、何か政治問題があったとしたら、その問題について攻撃している記事ばかり読むのではなく、「たいした問題じゃない」とそれらの攻撃を批判している記事も読むわけです。

そうやって視点を広く維持しないと、人間関係も狭くなっていきます。

また、ツイッターやフェイスブックでは、ある問題について多様な意見が交わされています。それぞれ意見の違いもあれば、政治的立ち位置の違いもありますから、それはまったくかまいません。しかし、あまりに狂信的なことばかり書いている人たちは怖いので、私はフォローを外します。

現在はバランスを欠いている情報の方が読まれやすい傾向があります。しかし、バランスを欠いたものが好きな人は、人間性もバランスを欠いていると思われるものです。だからこそバランスは大切であり、それが人間関係の維持にもつながります。

排除する知識を先に考える

現代は情報が多すぎるがゆえに、視点を広げることが難しくなっています。

たとえば、石に興味を持ったとしましょう。以前は情報源が限られており、詳しく調べるといっても書店や図書館で本を探すくらいしかありませんでした。おそらく半日もあれば足りたでしょう。

一方、現在。「石」とグーグル検索したところ、なんと約7億件もヒットしました。こういう情報洪水の中では、上手に視点を広げるのはかえって難しいのです。

しかもインターネットの世界には、嘘がたくさん紛れ込んでいます。以前話題になりましたが、医療関係のキーワードで検索するとデマが山ほどヒットしました。最近では「がん」で検索すると、代替医療の話が山ほど出てきたりします。そういう情報の洪水におぼれることなく、どうやって視点を広げればよいのでしょうか。

一つには知識をエンタテイメントとして捉えないことです。というか、エンタテイメントは厳密な意味での「知識」にはなり得ません。

たとえば、小説を暇つぶしのエンタテイメントとしては、私はほとんど読みません。自己啓発本やノウハウ本も、もちろん読みません。結果的に残るのは、世界観を学べるようなノンフィクションや人文書が中心になります。このように排除する知識を先に考えるのも一つのやり方でしょう。

私が信頼しているサイトに「ＨＯＮＺ」があります。サイエンス、人物、社会などのジャンル分けで質の高い本が紹介されており、そこで目についた本を読み、さらにその本で紹介されている本へと広げることがよくあります。

歴史書には不安解消の効果も

新しい話も、古い話を元に考えるとだいたい先が読めるものです。

たとえば、電子書籍の登場によって何が起きたでしょうか。なかには本そのものが消滅するなどという人もいましたが、決してそんなことはありません。

本は破れるか、濡れるか、燃えるかすればデータが消滅してしまいます。一方、電子書籍は一瞬で大量のコピーを作れますし、データはキンドルなどを通じて多くの人間が所有しています。本の読み方に変革をもたらしたことよりも、本が消滅する心配がなくなったことの方が、電子書籍の恩恵と言えるでしょう。

ところで、紙の本ができる以前は羊皮紙という皮に一枚ずつ書き写していました。そのためコピーが非常に少なく、知が散逸する恐れがきわめて高い時代でした。それが1400年代にグーテンベルクが活版印刷を発明したことで、安価でたくさんのコピー＝

本ができるようになったのです。

その結果、『聖書』が大量に印刷されて一般の信徒も読めるようになり、宗教改革の引き金になりました。あるいは、従来は修道院の中でしか読まれなかった古代ギリシャ・ローマの本が広がったことで、ルネサンスが加速したと言われています。

情報が大量にコピーできるようになった場合の変化が、すでに15世紀に示されていたわけです。このように過去に事例を求めると、21世紀の電子化で何が起きるかということもある程度は推測できるはずです。

考え方の変化が大きい時代は、何が起こるかわからないから不安になります。しかし、過去を遡れば似たようなことは人類の歴史の中で何度も起きています。それを知れば、さほど怖がる必要はないと判断できるでしょう。歴史を学ぶことは、安心のための教養にもなるのです。

合理性の果てに人間性が残る

年配者の特徴として「合理的である＝心が冷たい」と考えている人がわりあい多くい

ます。

たとえば現在、ウェブで金額を入力すると請求書の発行から郵送までを代行してくれる「ミソカ」というサービスがあります。非常に合理的でいいサービスと感じたため、ツイッターで紹介したところ、誰かが「そうやって佐々木俊尚は人間性までもクラウドにアップして、最後に何も残らないよね」と返してきました。

これは考え方がまったく逆です。雑用はウェブサービスに任せて、よけいな仕事はそぎ落としていく。その結果、最後に残った人間性だけが自分の武器になるのです。合理性の追求が人間性を失わせるという考え方は大きな誤解です。

履歴書一つにしても、いまだに「手書きしなさい、書き損じは修正液を使うと失礼なので最初からやり直し」などと言っています。そういうくだらない時間を消費させられる側はたまりません。あるいは、エクセルの表を集計するのに、手打ちで電卓を叩くというジョークのような人もいます。

少し前に話題になったところでは、文部科学省で使っていた科学研究費の予算申請書が1セル1文字になっていたケース。入力がたいへんで、研究者から悲鳴が上がっているのを聞いた河野太郎氏が改善させたところ、神様のように感謝されたということもありました。

ある到達点を目指すには我慢も必要

もちろん、何もかも合理的な方がいいわけではありません。

たとえば、「寿司屋の修業なんて何年もする必要はない」という堀江貴文氏の発言は物議をかもしました。私が思うに、やはり3年なり5年なりの作業のくり返しによって初めて体得できる技術というのはあるはずです。だからといって、「3年間は必ず修業」と修業そのものが目的になってしまうと、それはやはり居心地が悪い。

2015年にヒットした映画『セッション』も、このテーマを考えさせられる作品でした。ジャズバンドを率いるとんでもない鬼コーチが、ドラマーの若者を死ぬほどいじめる話なのですが、サックスプレーヤーの菊地成孔さんなどがかなり批判していました。

ひたすら修業することと、音楽を楽しむことはまったく違いますが、うまく演奏できるようになればやはり気持ちいい。それを味わうための我慢はどうしても必要です。一方、音楽でもスポーツでも、ひどい体験をさせることが目的のコーチなどもいるでしょう。

しかし、何かを体得するためには必要な段階がある。そのための辛い時間はどうしても避けられない、という文脈が不可欠でしょう。

結局、何もかも合理的がいいというわけではなく、合理性だけでは到達できない地点を目指す場合は、一定の労力を積むことにも大きな価値があるということです。

老後の労働をイメージしておく

現在40歳の人の年金支給は、おそらく70歳ぐらいからになるでしょう。年金の専門家に30年後の支給額を尋ねたところ、国民年金はなんと月額3万円程度だそうです。現在は満額で約6万5千円ですので、半分以下に減ることになります。会社員の場合、厚生年金があるためもっと上乗せされますが、月に3万円ではとても暮らせません。

年金制度は破綻しないと国は言いますが、それは支給額が減少するからにすぎません。月額5千円になっても、支給があれば制度は破綻していないという理屈です。

年金に期待できないとなると、もはや一生働くしかありません。そのためのイメージというか、老後の労働について何らかの展望を持っておく必要があるかも知れません。善い人と出会えれば手弁当でもいいから一緒に仕事し、語らい、未来をともに見る。お金はもちろん重要だけれど、気持ち良い人的ネットワークの中をぶらぶらしていれば、そんなの後からきっとついてくる。そういう楽天的で気軽な仕事観を私は持つようになりました。喜劇王チャーリー・チャップリンもこう言っています。「人生に必要なのは、愛と勇気と少しばかりのお金」。友人たちへの愛と、一歩踏み出す勇気があれば、きっと何とかなるのです。

40代になったら終活を始めてみる

1980年代以降に生まれた、35歳以下の人たちはバブルも知りませんし、不況の最中に育っています。そのため、物事をゼロベースで考えており、期待しない潔さのような感覚を備えています。私が彼らとつきあうのは、それが気持ちいいからです。

35〜45歳の人たちは団塊ジュニア、ロストジェネレーションなどと言われ、悲観的な感覚があります。最近はますます悲観的になっているようで、もっとひどい目にあうのではないか、逃げ切れないんじゃないかと感じているようです。

そして、45〜55歳が「何とか逃げ切りたい」と思っているバブル世代。この世代はまだ終身雇用の時代に入社していますので、それなりに人生設計をしてきたはずです。奥さんは専業主婦で、子どももきちんと学校に入れてという人が多くを占めるでしょう。

そのため、荒波が波及する不安はいつも抱えているはずです。事実、メガバンクや東芝の社員など、逃げ切れなかった人がボチボチ出てきています。

ところが、外に出ていく自信がないので、ぬるま湯につかったままの人が山ほどいます。そういう状態から脱却して外に関係性を広げるには、意識的に価値観を変えるしかないでしょう。

方法としてはいろいろありますが、一つには40代以降になったら終活を始めてみてもいいと思います。終活はだいたい60代、70代くらいからが一般的なイメージですが、40代からでも早すぎることはありません。

いまから20年後は２０３８年。いま40歳ならば60歳、50歳ならば70歳です。自分が高齢になった時のイメージを描いておき、いまから計画を立てるのです。つまり、終活というよりは、老活でしょうか。

まずは日本がどうなっているかをある程度イメージしてみるといいでしょう。この先どんどん人口が減り、オリンピック終了後ぐらいから首都圏近郊の一戸建て地域の過疎化が始まるほか、2030年頃にはタワーマンションがゴーストタウン化する恐れがあると言われています。どう考えても現状の生活スタイルを維持できなくなるのは明白です。

弱肉強食の世界から共存の世界へ

仕事の内容よりも、人間関係の広さに価値を置くようになったお話をしましたが、見直しを図るきっかけとなった理由は2つあります。

一つはリーマン・ショック。発生の少し前に、バブル世代の女性経営者を取材したことがあります。彼女が言うには、高級ファッションや車を買うこと、フレンチのお店に行くことは、ステータス云々ではない。生活を維持する原動力として重要とのことでした。

英語が得意な人でしたので「エクスペクテーション」という言い方をしたのを覚えています。つまり「期待値」を高めておくことが重要であり、そこに向かおうとする意志や努力が仕事の原動力になるのだと。

当時、私はその考え方に心から賛同しましたが、現在は完全になくなりました。そもそも期待値を高めるのが難しい社会になったため、仕方なくそうなった面もあります。つまり、現状で満足するしかないというネガティブな力が働いたわけです。

ただし、それだけではありません。自分がのし上がっていこうとすると、蹴落とす相手が出てきます。たとえば、小さな会社のスタートアップを手伝ったりすると、しだいに起業メンバーの能力が分離してきて、誰かを蹴落とすシーンが展開されます。それなりに能力や業績が高まってくると、それについてこられない人間を除外するのです。

そういう弱肉強食の世界に、私自身が疲れてしまいました。そうではない世界で暮らしたくなり、高みを目指す生き方からシフトしたと言えるでしょう。

もう一つは、東日本大震災です。社会学者の宮台真司氏は、1995年に『終わりな

き日常を生きろ　オウム完全克服マニュアル』（ちくま文庫）を上梓しました。今後どんどん豊かになることはないが、さほどひどいことも起きない。たんたんと平和な日常が続いていく退屈な時代だが、それを生きていくんだといった内容でした。

１９９５年といえば、副題にある通りオウム真理教に捜査のメスが入ったほか、阪神・淡路大震災もありました。決して平穏ではなかったのですが、「終わりなき日常」はとてもリアルに感じられた時代でした。

しかし、２０１１年に東日本大震災が起きたことで、それが一変しました。私自身、平穏な日常にどこか退屈を感じていましたが、それがいつ壊れるかわからないという現実をまざまざと見せつけられました。

しかも、その3年前にリーマン・ショックが起きて出版不況になだれこみ、収入源の立て直しを図っている最中でしたので、その打撃は非常に大きかったのです。

現代人は一回り近く若返った

昨年、高齢問題の研究者らで作る日本老年学会が、高齢者の定義について提言しました。現在は65歳以上を「高齢者」としていますが、医療の進歩や生活環境の改善により現代の高齢者はかなり若いです。そこで、その定義を75歳以上に見直し、前期高齢者の65〜74歳は「准高齢者」として社会の支え手と捉えるよう求めるものです。

学会によると、国連機関の文書などに基づいて、日本は50年以上前から慣例的に65歳以上を高齢者としているそうです。私が20代の頃、たしかに65歳はかなり高齢者に見えましたし、毎日新聞に入社時の定年は55歳でした。私はいま56歳ですので、当時であればすでに定年を迎えています。自分が今仕事を終えるなんていう感覚は欠片《かけら》もないので、これはかなり衝撃的な感じがします。

今でも子どもに「おばあさんの絵を描きなさい」というと、ひっつめ髪の着物姿で杖をついた女性の姿を描いたりします。しかし、現在は65歳でそういう女性はほとんどいません。高齢者らしい雰囲気になるのは、75〜80歳くらいだと思います。

ところで、現代人が若くなった＝幼くなったと考える人がいますが、それは誤解だと思います。単純に、余命に基づいた生き方のイメージが違ってきているからではないでしょうか。

たしかに多くの偉人はかなり若くして偉業を成し遂げています。たとえば、「維新の三傑」と言われる西郷隆盛は1868年時点で40歳、大久保利通は38歳、木戸孝允（桂小五郎）は35歳です。ちなみに、前年に暗殺された坂本龍馬は31歳で亡くなりました。

しかし、当時は平均寿命がかなり短い時代だったでしょう。織田信長は幸若舞《こうわかまい》『敦盛』の「人間五十年、下天のうちを比ぶれば、夢幻のごとくなり」という一節を好んだと言われます。人生を50年と考えると、35歳になれば残りはわずか15年しかありません。

一方、現代の35歳はあと40年以上。若い頃の覚悟と行動が違うのは当然なのです。

現代人は逆に「長い老後」を覚悟しないといけません。短命であればいまを生ききる覚悟が必要ですが、私たちは中高年以降のひたすら長い人生をすごしきる覚悟が必要なのです。

転職可能年齢は上昇していく

日本では15歳以上65歳未満を「生産年齢」と呼び、文字通り生産が可能な年齢としています。そのため、今後65歳以上が増えるにあたって、生産年齢の一人が65歳以上を2

人養うという構図がよく持ち出され、現役世代の負担の重さが強調されます。

第1章で紹介した河合雅司さんは、その改善を提案しています。いま中卒で働く人はかなり少ないため、生産年齢の下限を18歳以上くらいにします。一方、上限は70〜75歳未満程度まで上げます。すると、生産年齢人口が増えますので負担率はかなり下がるのです。なにか数字のマジックのようですが、こうした方が実情にあっているように感じます。

事実、自身の経験を長く活かせる仕事が増えてきていますし、転職が可能な年齢もかなり上がってきました。

私は1999年に38歳で転職しましたが、当時はギリギリの年齢でした。40代に入ると、まったく転職先がない時代だったのです。また、フリーになったのは4年後の42歳。この時も周囲からは「40代でフリーになるなんて」「やめておけ」とかなり言われました。

一方、現在は40代の転職など一般的になっています。たとえば、厳しい状況が続く大手家電メーカーは、40代後半から50代くらいの人材をかなりリストラしていますが、意外に多くの人が家電ベンチャーや中国系家電メーカーなどに転職し、仕事を続けています。

今後、ＡＩの進化で仕事が減る一方、少子高齢化や人口減少によって人材も減ります。そのため、ＡＩでは無理な仕事であれば人材不足が加速します。必然、転職が可能な年齢も上がっていかざるを得ないでしょう。

人手不足が加速する仕事としては、一つにはものを作る・書く仕事。あるいは、人をマネジメントする仕事、ホスピタリティの仕事などです。これらを若干考慮しつつ、自分の専門性を見極めて転職活動をしていけば、まだまだ長く働ける可能性が出てきます。

若者と中高年の競いあいが到来

これまでは60歳で定年を迎え、その後5年間しのげば年金が支給されるというモデルがありました。勤め上げれば退職金も数千万くらいはもらえましたので、空白の5年間も何とかなったわけです。

しかし、現在の40歳が60歳になる頃は、年金の支給年齢が75歳になり、しかも月額3

万円程度という厳しい現実が予想されます。退職金にしても、何千万円という金額は考えにくくなるため、60歳以降も働かないと生活が立ちゆかなくなります。新たな職に就こうとしても、さすがに60歳では難しいでしょう。

そこで、もっと若い頃に生き直しを考えておくのです。大卒22歳で就職して75歳まで働くとなると53年あります。2分割すると約27年ですから、40代後半までに転職すれば、まだ残り半分をセカンドキャリアに使えるわけです。

転職先にしても、昨年の平均有効求人倍率は1・50倍と44年ぶりの高水準です。しかも若年層に偏っているわけではなく、35〜44歳が一番高いのです。

また、安倍政権が進める「働き方改革」では、同一労働同一賃金を打ち出しています。同じ仕事については、雇用形態や年齢を問わず同じ賃金にしましょうということです。

最近、リクルートホールディングスが30歳までの一括採用を打ち出しました。従来は新卒一括採用だったのですが、30歳になるまでは何歳でも新卒と同様に扱い、通年採用するというものです。これはまさしく同一労働同一賃金の嚆矢《こうし》でしょう。

これが進むとどうなるでしょうか。イギリスのようにあらゆる仕事がフラットに開かれるため、新卒で就職活動をする20歳強の若者と、50代のベテランが競いあうという構図が生まれます。すると会社側は、同じ給与でも経験値の高いベテランを採用するのです。

イギリスはそれで若者の失業率が高まりましたが、中高年層にとっては大きなチャンスです。営業にしても経理にしても、一定のスキルがあれば会社側は誰でもかまいません。ぜひ自分ができることを見直してほしいと思います。

理想としては強制的な定年にならない仕事を選ぶとよいでしょう。何か専門性のある仕事であれば、70歳前後になっても嘱託・契約社員などとして働いているケースがたくさんありますし、講師などに採用される例もあるようです。

どんな職能でもプロになり得る

自分のスキルを難しく考える必要はありません。これまでの職務や何らかの経験で得た技能を、どのように活かすかがポイントです。

たとえば、私の知人に、デパートで販売をしていた女性がいます。子どもができて退職し、いま40代になりました。多少は時間ができたのでもう一度働こうと思い、「パートタイムで販売の仕事をします」とネットで情報を流したところ、優秀な販売員だったため多くのお店からオファーがきました。

「しっかり接客ができる」という自分にとっては当然のことも、客観的に見ると非常に重要なスキルなのです。

仕事のやり方にしても、パートタイムを本業にしてかまいません。しかも、複数の場所で仕事をすると精神的にも楽になります。一つの会社やお店に使われている感覚から、自分が選んでいろいろな現場に出るという感覚になるからです。雇用主と対等な関係になると言ってもいいでしょう。

その販売員の女性も依頼をいくつか受けて、意外に高収入を得ているそうです。コンビニ店員やスーパーのレジ打ちにしても、助っ人的なプロとして充分成立すると思います。

小さな仕事をたくさん積み上げる

みなさんもまずは自分のスキルを棚卸ししてみてください。いま40歳であれば、もう20年近く仕事のキャリアがありますので、必ず積み上げてきたスキルが見つかるでしょう。そして、どういう副業の可能性があるかをリサーチするわけです。

クラウドソーシングの専門サイト「クラウドワークス」「ランサーズ」などを見てみると、実際にやるか・やらないかは別にして、「こんなことが仕事になるのか」「これくらいできるな」と感じる仕事があります。今後の方向性やスキルを確認する手助けになりますので参考にしてください。

今後、大企業をはじめ副業禁止規定は緩くなるでしょうから、仕事を見つけたら週末などに少しずつ始めてみてもいいでしょう。セカンドキャリアでは小さな仕事をたくさんやった方が健全かも知れません。3万円の仕事でも、10案件やれば30万円になるわけですから。

実際、『月3万円ビジネス』(晶文社)という本があるくらいです。いろいろな事例がありますが、たとえば妊婦さんが着るマタニティドレスは一時期しか必要ありません。

そこで10着ほど購入して貸し出せば、月3万円くらいにはなるそうです。ほかにも卵を一日20個売る仕事、稲刈りの助っ人など、読むだけでも楽しい本です。

あるいは、田舎には意外に仕事があります。交通の便が悪い場所は、買い物や通院などに困っている高齢者が多いですし、ちょっとした力仕事も喜ばれます。よく報道される雪下ろしにしても、大雪の日に5人ぐらいのチームを組んで売りこんでみるのもありでしょう。

第4章

多拠点生活で再認識した、人との出会いの大切さ

多拠点生活のきっかけは震災

私は、現在東京・軽井沢・福井の3カ所に家があります。2011年の東日本大震災をきっかけに東京で何かが起きた時に避難できる場所を持ちたくて、交通の便がよく、生活インフラが整っていて、人が優しい軽井沢に2拠点目を構えました。そして妻の仕事の関係もあり、福井にも一軒家を借りました。

この章では私がおこなっている多拠点生活についてと、多拠点生活をきっかけに感じた「弱いつながり」の大切さについて触れています。決して多拠点生活を勧めるものではありませんが、その一方で、近年はシェアハウスに住んだり、友だちと部屋をシェアしたり（福井の家は家賃1万8千円。友人とシェアすることにしたため実際の負担は9千円でした）と、1カ所にとどまらない暮らしが実現しやすくなっていることも事実です。もしなんとなく今の生活を刺激的に変えたいのであれば、チャレンジしてみるのもいいかも知れません。

まずは近場に拠点を持ってみる

最近、東京近郊で新しい住まいとしてお薦めなのは神奈川県の横須賀や三浦です。横須賀は軍港ですので、戦前から人がたくさん集まりました。また戦後になると、米軍の駐留や造船ブームによって仕事が一気に増え、労働者が爆発的に増加しました。しかし、居住に適した土地が少なかったため、普通であれば神社でもありそうな山側を切り拓き、住宅地を造成したのです。

典型的なのはＪＲ横須賀駅から近い、京急本線の汐入駅です。汐入駅の前にはショッピングモールなどがありますが、そちらと反対側に切り立った崖があります。その階段を上っていくと巨大な住宅地なのですが、すでに多くは空き家になっています。

駅から徒歩10分の場所がなぜそんなことになったかというと、傾斜が強すぎる場所に住宅地を造成したため車道がないからです。ゴミ出し一つにしても10分近くも階段を上り下りしないといけません。若い頃はよくても、高齢になれば住めなくなって当然です。

しかし、土地そのものはスタジオジブリの映画にでも出てきそうな雰囲気で、とても魅力的な場所です。丘の上に細い路地と森が広がっており、そこにポツンポツンと家が建っています。どこか尾道を思わせるような雰囲気もあります。

交通の便も品川から約50分と悪くありませんし、ショッピングモールがありますので、生活物資の調達にも困りません。それで緑たっぷりの一戸建てに住めるのであれば、考えようによってはパラダイスと言えるでしょう。もちろん、眺めも最高です。

横須賀市役所が「空き家バンク」というサイトを運営しており、それで調べると100平米もある物件が家賃4万〜5万円です。

多拠点生活といっても、いきなり北海道や九州まで行く必要はありません。まずは近隣地域で始めてみてもいいでしょうし、住まいも最初は数名でシェアすれば、コストを抑えながら実現できます。

無謀な方がショックは小さい

現在、地方にゲストハウスがたくさんできつつありますが、それはUターン・Iターンをする人が増えているからです。

ただし、前例がない場所へ人はあまり行きません。名前も知らない地方に行ってみるのは、誰でも躊躇します。しかし、誰かが前例を作ると「行った人がいる」という話になります。するとそれを聞きつけて2人目、3人目が現れます。そうして何人かがそろうことで、現地にコミュニティができるのです。

Iターンの有名なコミュニティには徳島県神山町、島根県沖ノ島、岩手県遠野市などがありますが、そこに行く理由は特にありません。先に行った人がいるから、みんなが集まってくるだけです。

コミュニティができると訪れたい人も増えますが、現地にはほとんど宿泊施設がありませんので、最初にゲストハウスを作ります。続いて集まれる場所としてカフェができ、3番目にはクラフトビール店やパン屋ができるというパターンがかなり多く見られます。

そういうコミュニティがあるところに、思い切ってすぐに移住してみるのもいいでしょう。私の友人たちが『灯台もと暮らし』という、おもに地方暮らしを紹介するサイトを運営しています。Iターンの記事も多く掲載しており、それを読んだ若者が翌日には現地のゲストハウスに泊まりに行き、その場で移住を決めるケースがかなりあるそうです。

普通に考えれば、かなり無謀であきれる話です。しかし、無謀にならないよう綿密に計画を立てて、何カ所か場所も調べてといった準備をしたところで、失敗する時には失敗します。その時、思いつきで行った場合と、入念に準備をしていった場合ではどちらがダメージが小さいかというと、やはり思いつきで行った場合の方が小さいわけです。

これは結婚と似たようなもので、お見合い結婚であれば、仮に相手がいま一つな人物だったとしても、「自分が決めたわけじゃない」と慰められます。一方、大恋愛の末に結婚した相手だと、全部自分の責任になってショックも大きいでしょう。

多拠点生活もあまり面倒に考えすぎない方がいいように思います。

慎重に入口を見極めるのも大切

移住にあたっては、もちろん慎重な人もいます。茨城県出身の私の友人は、いま鹿児島の限界集落で奥さん、子どもと3人で暮らしています。そんな田舎にいるのに、やっている仕事はiPhoneの修理という変わり者です。

彼が言うには、やはり田舎にいきなり行くのはたいへんだそうです。そもそも家が借りられません。彼はもともとウェブ制作をしていたため鹿児島で仕事をする機会があり、役場の人と仲良くなったことでその家が借りられました。

しかし、電話とインターネットはあるものの水道がないといった状態だったため、2年くらい準備して移住計画を立てました。当初はお盆と正月には必ず行き、近所の高齢者にまんじゅうを配って歩いたそうです。そのうち、「よくわからないけど、まんじゅうをくれるいい人」のようなイメージが定着し、その段階で移住しました。

もう一人、私の友人に写真家の30代女性がいます。小笠原諸島の父島の写真を撮りたいということで、現地に何年か暮らしていました。

父島に行くのはとてもたいへんで、空路がないため船で片道3日間ほどかかります。住むにしても賃貸住宅がほとんどなく、見つかっても7万円程度かかるそうです。

そこで彼女が取ったのは、現地の旅館に就職するという方法でした。観光で成り立っている島なので、ホテルや旅館はたくさんあります。旅館の住みこみの仲居さんになることで、現地に拠点を持ったのです。その後、3カ月くらい仲居さんとして働くうちに地元の人とどんどん仲良くなり、アパートを紹介してもらって引っ越したそうです。

移住には多様な入口があります。実際の暮らしを考えると、現地の人との関係性を築いてから実行に移すのも一つの方法でしょう。

多拠点生活でいろいろと意識が変化

多拠点生活をするにあたり、「お金がすごくかかりますよね」とよく言われます。もちろん、冷蔵庫、洗濯機などがそれぞれの家に必要ですので、初期投資はそれなりにかかります。しかし、私の場合数年間続けるうちに、必需品以外は物がどんどん減っていきました。

東京にはあるけれど軽井沢にはない、軽井沢にはあるけれど福井にはないという不足感が、しだいに不愉快になってきたからです。全部買いそろえるのは逆にムダですので、減らす方向にいきました。

たとえば、東京の家には以前小型のワインセラーがありました。軽井沢や福井にはなかったため購入も考えたのですが、冷蔵庫で冷やしておいて10分程度室温になじませれば、だいたいおいしい温度になります。それで充分と考えた結果、東京のワインセラーも処分しました。こうしてどんどん物が平準化されて減り、物欲も薄れていきます。

精神的にも肉体的にも身軽に

多拠点生活で特に重要なのは、いかに効率よく移動し、現地の足を確保するかです。東京と軽井沢くらいは車でも移動できますが、軽井沢にいて東京でちょっとした仕事がある時には新幹線で日帰りすることも少なくありません。軽井沢駅前に1泊700円の町営駐車場がありますのでそこに車を停め、新幹線を利用するというやり方です。福井への移動は米原まで新幹線に乗り、米原から敦賀まで在来線特急。敦賀の駅前に月6500円の駐車場を借りており、置いてある軽自動車で数十分ほど走ると到着します。約3時間半の旅程です。

それを長いと考えるかどうかは人それぞれですが、移動は意外に慣れるものです。移動が面倒くさくて実行に移さないのはもったいないので、可能な限りストレスのかからない方法を考えてみてください。

また、多拠点生活をしてみて強く感じたのは、移動に対する心理的抵抗感が著しく下がるということです。都内で30分程度移動することと、東京から福井に行ったり、海外出張に行ったりすることが全部同じ感覚になってきました。

福井には車でも何度か行きましたが、新東名高速を走って6時間ぐらいかかります。当初は「6時間も運転するなんてあり得ない」と思っていましたが、一度やってみると意外に苦になりません。やはり何事も慣れが大切であることを実感しました。

外出時の準備時間も、とても短くなりました。軽井沢、福井には30分で準備して出かけています。持ち物は日用品、家に置いてある薬、資料の本くらい。本も最近はキンドルが多いので、持ち歩きに苦労はありません。荷物が多い時は、事前に宅配便でスーツケースを送り、そこに余っていた野菜なども一緒に入れるようにしています。

ちなみに長期の旅行でも服はほとんど持っていきません。現地で安物を買った方が早いからです。海外に行くと、だいたいファストファッションの店を探して調達します。

都市と地方をつなぐハブになる

現在はUターン・Iターンコミュニティがあちこちにできているようですが、そのコミュニティだけで完結するのは不健全な話です。やはり地元のコミュニティと密着する必要があるでしょう。その時、ハブ（中核）になる人材がとても重要です。地元のコミュニティについて知りつつ、外部の人とも仲良くできる人です。

じつは福井での引っ越しには、ちょっとしたエピソードがありました。

物件を探していたところ、海辺にある築80年くらいの家を見つけました。オーナーは高齢者の男性で、もともと小さな工場だったらしく、とても雰囲気があり家賃も無料。住んでくれれば誰でもいいとのことでしたので、私たちが借りることにしました。

ところが、そのオーナーが親戚に相談したところ、「それは都会もんにだまされてるから貸さない方がいい」と言われたそうで、引っ越し直前になって断られました。

その後、現地のイベントで空き家見学ツアーをした時にもいい家がありました。2階建ての広い家で、海水浴場から歩いて2〜3分。家賃も3万円と格安でした。ところがツアーの参加者が実際に借りる話を進めたところ、家賃がいきなり6万円に跳ね上がり、さらに話が進んだら「やっぱり保証金50万くらい入れてください」。もちろん、ご破算になりました。

こういうケースが、地方ではかなり多くあります。町内会の高齢者にご挨拶に行くにしても、田舎はその順番がわりあい重要で、AさんよりもBさんを優先しないと怒られるといったことがあります。そういう情報を備えつつ、都市生活者の感覚もわかっているという人は非常に重宝されます。

いま郊外に住む人は、そういうハブになるというのも一つの手だと思います。衰退していく郊外にいるよりも、週末は田舎に行く。基本的なスタンスは都市で仕事をして、週末は地域おこしのNPOに参加する。そうやって、都市と地方をつなぐ役目を担えば、かなり多様なつながりが生まれるはずです。

メリハリのある生活を楽しむ

私は2010年から「キュレーション」と称して、ほぼ毎日10本程度の厳選記事を紹介するツイートを発信しています。

ベースとなる情報収集には、いろいろなサイトの新着記事の見出しを送ってくれる「フィードリー」というサービスを使用しています。そのツールには千サイトほど登録しているため、一日に見出しが2千程度は上がってきます。

それを全部チェックして、おもしろそうな記事を20〜30本読み、シェアしてもよさそうな記事をコメントつきで8〜10本ぐらいツイートするというコンテンツです。情報収集はスマホでできますので、どこにいてもやっています。

それくらいデジタルな生活をしている私ですが、趣味である登山をする時はいっさい通信はしません。むしろインターネットから遮断されている感じが気持ちいいため、デジタル機器は持っていかないようにしています。

昨年2月にはキューバを訪ねたのですが、キューバはインターネットのインフラがあまり整っていません。ホテルなどにはWi-Fiもあるにはありますが、使用カードを買う必要があります。しかも、それを買う場所が少なく、売り場には長蛇の列ができています。面倒なので10日間ほどネットを使用しませんでしたが、意外と不便さを感じませんでした。

インターネットから離れると不安な人もいるようですが、やってみると意外に苦になりません。「メールのチェックが」などと焦っても、電波がなければ見られないわけですから、完全に割り切ってしまう。ときどきそういう場所にあえて身を置くのも悪くないと思います。

街を歩くにしても、ネットで情報を得られないのはかえって新鮮に感じます。代わりに私は、紙で刊行されている英語版の旅行ガイド『ロンリープラネット』を持って歩きました。ガイドブックを片手に、いろいろ迷いながら街を歩くのも楽しいものです。

人間関係から仕事を見つけていく

多拠点生活を視野に入れた時、現実的な問題として経済的な面がネックになる人は多いでしょう。

実際に多拠点生活をしている人で多い工夫は、最初に生活コストを下げることです。方法として、東京で2LDKの家に住んでいたのをワンルームにする。ただし、地方は家賃が安いので広くする。つまり、中心と出先の考え方を変えるわけです。地方が中心で東京が出先と考えれば、だいぶコストが削減できます。

また、地方では家賃以外の生活コストがかなり下げられる可能性があります。地方のスーパーでは東京よりも質が悪い上、価格が高い野菜が並んでいることも珍しくありません。そこで地元の農家と仲良くなると、季節の野菜をよくもらえます。海沿いであれば魚も同じです。そういう人間関係を築くことが重要でしょう。

住む家についても、部屋の改造などは自分で手がけてもいいでしょう。最近はリノベーションのノウハウを共有する活動をしている人たちもたくさんいますので、その仲間になるのも一つの手です。

仕事を得るにはやはり何らかの人間関係をうまく活用することが求められますが、カメラマンなどスキルがある人ならば、そう高いハードルではありません。東京の拠点は一気に縮小して、可能な限り地方にいるようにする。すると人間関係が広がって、しだいに仕事は増えていくものです。

定職を持たずに全国を旅行している若い友人がいますが、1カ月ほど熊野にいました。どうやって生活していたのか尋ねると、知りあった人たちから「塀を直してほしい」「駅まで車で送ってほしい」などと頼まれ、意外に仕事があったそうです。

多拠点というか、移動する生活ではそういう軽やかさが大切で、難しく考えているといつまでたっても実現できません。とりあえずやってみて、イメージと違ったり、つらかったらやめればいいだけの話です。

アフロヘア営業マンとの出会い

一昨年に上梓した『そして、暮らしは共同体になる。』（アノニマ・スタジオ）にも書きましたが、私たちの時代では、金持ちになることや、反権力を主張することよりも、単純にいろいろな知らない人とつながっていくことがおもしろいと感じられます。

一例を挙げると、私は以前住まいにはまったく興味がありませんでした。しかし、現在の前の家を借りる時、インターネットで不動産屋さんを見つけて営業マンに家を見せてもらうことになりました。

そこである駅前で待ち合わせたところ、現れたのはなんとアフロヘアの営業マン。最初は個性的すぎて驚いたものの、20代後半のM君はとても魅力的な若者で、家族ぐるみでつきあうほど仲良くなりました。

後になって知ったのですが、M君は有名なナンバーワン営業マンだったそうです。私はその出会いで住まいに興味を持つようになり、現在に至ります。

あるいは最近、福井の越前町でズワイガニの漁師をしているYさんと知りあいました。もともと名古屋でガソリンスタンドの店員をしていたそうですが、奥さんの故郷である越前町に移住して漁師になりました。当初は漁に出ると船酔いで死にそうだったそうですが、10年必死に頑張ってついに船長になったそうです。

さすがに私もズワイガニの詳しい知識を身につけようとは思いませんが、漁業の話を聞ける楽しい友人ができたことをうれしく思っています。

こういうつながりがどんどん自分の地平線を広げてくれますし、いまこの瞬間に仕事がなくなっても、何とかなるのではないかという奇妙な安心感も得られるのです。

人と会うことで領域を広げる

多拠点生活をしていて特におもしろいのは、人間関係が多層的に広がっていくことです。東京にいたら絶対に会わないような農家さん、漁師さん、あるいは地元役場の職員さんなどとつながりが生まれていきます。同じ公務員であっても、東京23区と地方ではまったくマインドが異なるため、驚かされることもよくあります。

これは単におもしろい人と出会ったこと以上に、そこから新しい仕事や生活の知恵のようなものが得られ、自分の地平線が押し広げられていくような感じがします。

私は文章を書いたり、トークイベントを開いたりといった仕事を15年ほどしていますが、自分の考えていることや書くことは完成度が高い、自分は唯一無比であるといった、おごり高ぶった気持ちがある時期までありました。

そのため、前述しましたが、いかに自分を安売りしないかを考え、「絶対にこの金額以下の仕事は受けない」といったスタンスを一時取っていました。

フリーランスにとってそれは必ずしも間違ったやり方ではないと思います。しかし、あまりにも自分を個として確立し、ハードルのようなものを作ることで、逆に自分が出会う人の数を減らしていたというネガティブな副作用があったようにここ数年は感じます。

結局、自分の仕事の枠を広げるのは出会う人だと思います。ですから、現在は積極的に人と会います。もちろん、誰にでも会い続けていたらキリがありませんので線引きは必要ですが、なるべくいろいろな人と出会うことで自分の知らない世界に領域が広がっていく感じがしています。

第5章 ゴールなき人生を楽しむ

プロセスを楽しむ人生

「死ぬまで多拠点で生活したいですか？」という質問を受けたことがあります。当初はそこまで考えておらず、拠点をたくさん持つとどうなるのか、自分はどう変わるのかという興味本位で始めました。

しかし、3年ほどやって思うのは、移動し続ける＝ゴールを設定しない人生でもいいのかなということです。移動している最中こそが自分の本質のようになってきています。

たとえば、「1億円を貯める」という目標には、「生活に困らないため」といった漠然としたゴールがあります。しかし、私はある種の理想型に向かってプロセスを楽しんでいることそのものがゴールであり、どこかに到達するのが目的ではないと考えています。

昭和の頃までは、一軒家を建てるのがゴールという人がたくさんいました。しかし、建てたら幸福になるかというとなりません。目的とゴールは違うわけです。

同様に多拠点での生活を死ぬまで続けることがゴールにはなり得ません。今後、軽井沢と福井にある拠点を動かすことも考えられますし、ゴールとはまったく関係がない。

大切なのは、そのプロセスをいかに臨機応変に、柔軟なものにできるか。自分でコントロールできるものにするかということだと思います。

コンピュータ用語に「可用性」という言葉があります。たとえば、インターネットは可用性が高い好例です。A地点とB地点を結ぶのが一本の線だけだと、それが破壊されたら終わりです。しかし、インターネットは無数にサーバがあり、多様な経由で情報が流れるため、1カ所が破壊されても迂回して情報が流れます。そういう常に使える状態を可用性と言います。要するに壊れにくいということで、私はそれが一番重要と考えています。

『ブラック・スワン』で有名なニコラス・タレブの『反脆弱性』（ダイヤモンド社）という本があります。普通、脆弱の反対は強いや固いですが、じつは柔らかい方が脆弱ではないと彼は言っています。たしかに強いものはポキッと折れたりします。常に柔軟で、何でも吸収して、壊れない。そういう反脆弱性が重要だということで、可用性にも通じる話だと思います。

それは何も多拠点生活に限ったことではありません。人間関係にしても不断にいろいろな人と接続し続ける、つながり直すことをしていきたい。そのプロセスこそが自分自身の人生を作るのだと思っています。

成功の定義が変わってきている

最近の若者は出世を望まなくなりましたが、理由の一つは出世して管理職になっても見返りがなさすぎるからだそうです。頑張って上を目指しても、たとえば管理職手当てはわずか、残業代がつかないなどリターンがなければやる気を失って当然でしょう。

もちろん、成功への道を目指す人もたくさんいますので、成功者の自己啓発本や経営者本がよく売れます。しかし、成功者のケースはとてもレアで、一般的なロールモデルにはなり得ません。レアなケースをみんなで追いかけるのは、何か居心地の悪さを感じます。

いまだにアメリカンドリームもあるにはあります。南アフリカ共和国出身のイーロン・マスク（スペースXなどの創設者）などは好例ですが、何千万人に一人という確率でしょう。

そもそも日本では、経済的な「ちょっとした成功」という価値感がなくなってきていると思います。

それは何を目的地にするかということが、変わってしまっているということもあります。自己啓発本や経営者本に描かれる成功は、巨額の富を得るといったわかりやすい成功です。その実現を夢見る人がいる一方で、そういう金銭的な成就を「成功」とは思わない人も増えているのです。

家族や友人を大切にする、お金はそこそこでも楽しく暮らす。そういう状態が成功であり、お城のような邸宅や高級車に囲まれて暮らす必要はない。家族で囲炉裏を囲む、友人たちとバーベキューをするというイメージでしょうか。特に先進国では、最近はそういう価値観に変化しています。

リアルな現実の方が共感できる

成功のイメージが変化しているのは、一つにはリアリティの問題だと思います。

たとえば、ユニクロの柳井正会長兼社長が成功した話を読んでも、リアリティがありません。成功したのは事実ですが、かなりの部分で運もあったでしょう。ソフトバンクの孫正義会長兼社長にしても同じですが、スーパーマンとしての能力に加えて、運を引き寄せる力もあって彼らの世界が築かれています。

本を読み、彼らと同じことをしたところで、その世界が再現できるわけではありません。絶対に成功する必勝法があるなら、みんな成功してしまいます。そこにリアリティがないことに、誰もが気づくようになったのだと思います。

昨年、朝日新聞の「売れてる本」というコーナーで、ナイキの創業者であるフィル・ナイトの自伝『SHOE DOG』の書評を書きました。1962年に同社を創業し、1980年に上場するまでの12年間を回顧した本で、内容はほとんどが失敗談、ドタバタ、トラブルの話です。それがなぜ売れているかというと、やはり実際に苦労して、失敗して、再起してというリアリティに誰もが共感するからでしょう。

成功する法則はないが、失敗する法則はあるとよく言われます。たしかにその通りで、失敗する時はみんな同じことをしています。だから、やれるのは失敗しないようにすることだけ。あとは運がよければ成功するかも知れません。あまり運がついてこなければ、五分五分でしょうか。そういうリアルな考え方が必要とされる時代だと思います。

ピークハントとロングトレイル

以前、一緒に登山をした人から「私は頂上にたどりつくことしか考えていなかったのに、佐々木さんは頂上を気にするでもなく、ただ歩くことを楽しんでいる様子でしたね」と言われたことがあります。まったくその通りで、私は頂上を制するための登山はしていません。

頂上を目指した登山は「ピークハント」と言われます。日本百名山の登頂などが中高年に人気ですが、それがピークハントの典型です。

一方、私の登山は「ロングトレイル」と言われるもので、登山というよりは山歩きです。足を運んで、汗を流して、体が動いているという全身の躍動感を楽しむもので、登頂が目的ではありません。結果的に登頂するケースはありますが、目前には別の山が控えていますので、一つの山を制してもそれは通過点にすぎないのです。

ロングトレイルは最近国内でも認知されるようになってきました。山に限定する必要はなく、田んぼのあぜ道を歩いたり、ひたすら平野を進んだりと、総じて横に移動する歩き旅を指します。ただ歩き続けることに、楽しさを見出すわけです。

有名なコースとして「八ヶ岳山麓スーパートレイル」があります。八ヶ岳は特定の山ではなく、最高峰の赤岳（2899メートル）を含む山塊です。通常は1500メートル地点あたりまで車で登り、そこから1400メートル登って下るのが一般的なコースです。

一方、八ヶ岳山麓スーパートレイルは1500メートル地点を一周するコースで、どの山の頂上にも行きません。総距離は約200キロ。私は2年ほど前から歩いていますが、まだ半分くらいでしょうか。

そのおもしろさは説明が難しいのですが、なかなか到達しないというか、どこにも到達しないことでしょう。ゴールのない旅を続けることが、とにかく魅力的なのです。

人生は偽ピークの連続である

ピークハントとロングトレイル。どちらにも違うおもしろさがありますが、人生は後者に近いのではないでしょうか。

私の友人にとても結婚願望の強い30代半ばの女性がいます。特定の男性もいたりしますので、結婚すればいいと思いますが、なかなか踏み切れずにいます。どうも結婚を人生のゴールと捉えて慎重になっているようなのです。

結婚したからといって、その後の人生が安泰なわけではありません。病気もあれば、夫の失職や、不仲になって離婚することもあるでしょう。結婚など人生の通過点の一つにすぎません。しかし、彼女は「一度は到達してみないとわからない頂点がある」という言い方で、より理想的な到達点を目指しているようなのです。

たしかに、誰にでも目指したい到達点はあるでしょう。登山でも目前の頂上を目指して頑張ることはよくあります。ところが、到着するとそこは頂上の手前にあった峰で、本当の頂上はずっと先ということがよくあります。登山では「偽《にせ》ピーク」と言います。

人生は偽ピークの連続ではないでしょうか。

ロングトレイルでも、峠に近づくと奇妙な期待感を持つことがあります。峠には独特の魅力があり、上まで歩いたら何かまったく違う景色が広がっているような期待感を持たせてくれるのです。しかし、山頂に着いて一瞬はすがすがしい気持ちになっても、景色は特に変わりません。しばらくすれば飽きますので、また下って別の峠を越えるだけです。

人生も同じです。通過点をゴールだと思いすぎたり、あらぬゴールを仮定して期待感を高めるから、かえって失望感や徒労感も大きくなります。峠を越えるくり返しにすぎないと認識し、いま歩いていることを楽しんだ方がよほど毎日が充実すると思います。

安定も強さも不確かな時代

現在はいろいろな価値観がシフトしていく過渡期にあたると思います。20世紀的な働き方・生き方に流行性がなくなり、21世紀的な新しい働き方・生き方が広がりつつあります。もう少し広がっていそうなものですが、まだ先端的な試みが行われている状況と言えるでしょう。政府が主導する「働き方改革」も、まだ始まったばかりです。

そのため、何をどうすれば楽しく生きられるかというロールモデルが明確に見えていません。いずれもう少し輪郭が明らかになると思いますが、現在は手探りの状態です。

現在、公務員を目指す若者が増えているのは、そのためだと思います。ロールモデルが見えてくるまでの一時的な現象として、安定的な立場を選ぶのでしょう。

公務員にやりがいを感じるのであればかまいませんが、単に安定だけを目指して仕事に就いても、楽しい人生は待っていないと思います。まして現在は「地方消滅」などと言われる時代ですので、公務員＝安定ではありません。

だったら一般企業はどうかというと、こちらも先行きは不透明です。私が就職活動をしたのは80年代後半ですが、優秀な人間はだいたい都市銀行か総合商社に入社しました。商社はいまだに元気ですが、昨今はメガバンク3行で3万人以上の大リストラが発表されるなど、銀行員ももはや安定した仕事ではなくなりました。

いわば日本の「大樹」が消失しつつある時代であり、優秀な人材はグーグルなどの大手ＩＴ企業に流れています。もっとも、グーグルといえども10年後も安泰という保証はありません。マイクロソフトにしてもインテルにしても、80年代、90年代の圧倒的な強さはもはやありません。

だからこそ、「しなやかさ」という反脆弱性が重要だと思います。

私が出会う現代の若者は意外にしなやかで、不安はあるものの「何とかなるだろう」というういい意味でのゆるさを備えています。その根源は、友だちがたくさんいることくらいでしょう。お金やスキルがあるわけでもなく、安定した収入があるわけでもない。しかし、総じてみんな「いい奴」で、コミュニケーション力が高い傾向があります。するると周りにいい友だちがたくさんいるため、そこに交じっていれば「何とかなるだろう」という発想になるのでしょう。そのぐらいの淡い期待で、充分しなやかさは実現できるはずです。転職も当たり前の世の中になりましたから、誰かが呼んでくれたら行ってみるというノリでまったくかまわないと思います。

誰もが「バタフライエフェクト」を起こせる

誰にでも承認欲求はありますし、もちろん私にもあります。自分の書いた作品が誰にも読まれない、影響を与えないというのはやはり悲しいですから、反響があった方がうれしいに決まっています。ただし、何もベストセラーを書きたいわけではありません。経済的な論理で言えば、やはり1万部よりは10万部の方がいいに決まっています。しかし、10万部の本を書く人の方が偉いのかというと、そんなはずはありません。

私が本を書き始めたのは2004年からですが、まだ出版不況の前でしたので、書けばわりあいよく売れました。話題になった本なら5万部程度はバンバン売れていた時代でしたので、私も「部数はやっぱり大事だな」と感じたものです。

しかし、昨今はすばらしい内容でも、ほとんど話題にならずに消えていく本が山ほどあります。逆にプロモーションのうまさだけで売れている本もあり、私に「部数」という価値観はなくなってしまいました。

いま私にとって大切なのは、自分の書いた本なり、言論・発言なりがすぐに大きな反響を呼ばなくても、回り回って誰かに届くことです。いわば、バタフライエフェクト（蝶の羽ばたきが竜巻のもとになるような効果。「風が吹けば桶屋が儲かる」と同義）のような効力を信じているのです。

実際、30代の優秀な官僚に会った時「佐々木さんが2009年に書いた、あの本を読んで官僚を目指しました」と言われたことがあります。本当にうれしかったですし、自分にそんな小さな効力があればそれでいいと強く感じました。

社会というのは、各人の波が干渉しあって大きくなっていくようなものです。自分の波が一つの波にうまくはまり、どこかで小さなさざ波を引き起こすことができていれば、それで充分ではないでしょうか。ありとあらゆる人がお互いに影響しあうような、ヒエラルキーではない社会とはそういうことだと思います。

人生は短絡的な物語ではない

私たちは何でも物語にしすぎると最近よく思います。物語とは、起承転結のあるストーリーのようなものです。

私は新聞記者でしたので、何か事件が起きると必ずその原因をどこかに求めたがる傾向がありました。しかし、長く記者をしてわかったのは、事件は多様な要素がからみあった結果として起きるということであり、そこに明確な原因など存在しないのです。

たとえば、子どもが親を殺す事件が起きたとしましょう。「ゲーム機を取り上げられたので、カッとなった」などと動機が報じられますが、その程度の理由で人間は人を殺しません。ゲーム機を取り上げられる前にいろいろなことが起きて、最終的な引き金がそれだったということです。

私たちはそういう事実を取り払って、短絡的な物語を作りたがります。

たとえば、成功した人の本を読むと、「かくかくしかじかで成功した」といった物語や人生訓がドラマティックに書いてあります。しかし、じつを言うとそれは後づけで、実際には偶然の作用が大きいのです。起業のタイミングや、重要な場面で支援者が現れたなどの偶然性、あるいは幸運が重なっただけであることが少なくありません。

特にIT業界の攻防や興隆を見ていると、ほとんどが偶然です。もちろん、努力なくして偶然はありませんし、その人に偶然を引き寄せる力があったのは事実ですが、「こうしたから成功した」と言い切るのは居心地が悪く感じます。

そういう物語性から脱却して、偶然、相互作用、バタフライエフェクトなどが社会の一つの原理であることを知る・認めるのは大切なことだと思います。

ただし、すべてが偶然や運によるものだと思いすぎると、個人は所詮その力にあられないという無常観に陥るかも知れません。それを避けるには、やはり自分の行動や発言もどこかで誰かを動かしているという信念を持つしかないでしょう。

プラスや高みがすべてではない

人生はプラスの結果を出そうとすると、どうしてもマイナスも増やさないといけなくなって浮き沈みが激しくなります。株式で1千万円儲けようと思ったら、そのプロセスにはそれなりの損失も伴うのと同じです。

そういう生き方よりも、大きなプラスはないものの大きなマイナスもないという、振り幅が小さな人生の方が楽ではないでしょうか。

それでも大きなプラスがほしい、より高い到達点に行きたいという気持ちも、もちろん理解できます。出版の世界で言えば、数十万部のベストセラーを作りたいなどです。それがモチベーションである編集者は少なくありません。

しかし、数千部しか売れなくても、読者から高く評価されて、著者も作品に満足して、赤字にならなければ全員がハッピーなはずです。売れることがすべてではありませんし、ベストセラーだからといって必ずしも内容が優れているというわけでもありません。

昨今は正社員を目指して頑張っている人も多いはずです。しかし、もし正社員になれたとしても、どの程度その喜びが続くかはわかりません。正社員に慣れてしまえば、そこはもはや頂上ではないからです。登ってみたら、まったく景色が変わらなかったということもあるでしょう。

若干話はそれますが、東京大学に入学した若者の話を聞いたことがあります。

言うまでもなく東大は日本において学歴社会の頂点であり、多くの受験生は合格を目指して必死に勉強します。ところが、実際に入学して同級生と話をすると、「普通に受験しただけ」とか、「夏まで高校野球をやっていて、勉強したのは最後の3カ月」など、生まれながらに頭脳の優れた人間がゴロゴロいます。心身がすり減るほど勉強してようやく入学したその人は、「自分はいったい」と愕然としたそうです。

これと同様に、特に努力などしなくても圧倒的な結果を出す人は社会にいくらでもいます。売れる企画をどんどん考え、高い数字を叩き出す。「そんな人になりたい」と思うかも知れませんが、「なりたい」と思っている時点で、もはやなれません。

結局、誰か・何かとの比較に基づいて高みを追求しても無意味なのです。頂点に立とうと必死になるよりも、足るを知ることの方がよほど大切ではないでしょうか。

お金持ちは「暖房のきいた部屋」

お金にしても、追求し始めたらキリがありません。

たとえば、出張に行く飛行機のクラスがよく話題になります。普通はエコノミーに乗りますが、やはりビジネスクラスはあこがれです。しかし、ヨーロッパまで行くとなると50万円以上かかりますので、自分のお金ではかなり難しいでしょう。

ところが、一度乗ってみるとやはり快適で、それからはビジネスクラスに乗りたくなります。さらには、ファーストクラスがうらやましくなるのです。

だったら、お金持ちになってファーストクラスに乗るようになったら満足かというと、そうでもありません。今度はプライベートジェットを持っている人をうらやましく感じてしまうのです。もはやビル・ゲイツにならないと満足できないわけです。

以前、『文藝春秋』誌で「平成お金持ち道」というルポ記事を書いたことがあります。たくさんお金持ちを取材しましたが、印象に残ったのはサイバーエージェント社長の藤田晋さんのお話です。「お金持ちになるってどういうことですか？」と直截《ちょくせつ》に尋ねると、彼は「暖房のきいた部屋みたいなものです」と答えました。

寒い外にいて、早く家に着きたい。暖房のきいた部屋に入ったら、さぞ気持ちいいだろうと思います。実際に家に着き、暖かい部屋に入るとやはり気持ちいい。しかし、すぐに慣れてしまって、その環境がどうでもよくなってしまう。それと同じということでした。

彼は会社を成長させている過程で、東京の街を見下ろすような高層ビルのオフィスに社長室を構えたいという夢があったそうです。取材時にはそれを実現して、渋谷のマークシティの高層階に社長室を構えていました。

しかし、最初は「なんて気持ちいいんだ」と思ったものの、すぐに飽きてしまったそうです。取材に行った時も「西日が入る」と言ってブラインドを閉めていました。

お金はあればあったで面倒くさい

そもそもお金は、一定段階を超えてしまうとさほどのメリットはありません。

たとえば、車を10台ぐらい持っているお金持ちはいくらでもいます。趣味としてそれは一向にかまいませんが、運転できるのは1台だけです。同時に何台も乗れるわけでもあるまいし、私としては1台あれば充分ではないかと思ってしまいます。

食事にしても、昔は大衆的な店と高級店がきれいに分かれていて、高級店でしか食べられないおいしいものもあったでしょう。しかし、いまはコース2万円であろうと3千円であろうと、さほどの違いはありません。むしろ、小さいビストロなどの方がおいしかったり楽しかったりします。

正直に言うと、私は高級店が嫌いです。日本はヨーロッパのような階層社会ではないため、お金持ちの文化があまりありません。そのため、高級店にいる人は成金的な経営者、不動産でもうけている高齢者、日焼けに金鎖ジャラジャラの謎のおじさんなどばかりです。そんな世界に入っても、まったく楽しくありません。

ニコラス・タレブが「お金があるとくだらない金持ちづきあいが多くなって嫌だ」と何かの本で書いていました。お金持ちのパーティなどに行くと、延々と「玄関の大理石の床は何千万」といったどうでもいい話を聞かされるのだそうです。たしかに、考えただけでゾッとします。

きちんと生活が楽しめるぐらいのお金や社会的地位は必要ですが、それ以上を求めると面倒くさいだけです。しかも達成の喜びは一瞬で終わり、持続性がありません。だったら、もっと何か持続性のある楽しみ方をした方がいいような気がします。

年収が増えると支出も増える

リーマン・ショックの頃、いろいろな業界を取材しました。外資系の金融機関は倒産が相次ぎ、国内の投資機関などに移った人もたくさんいました。年収は数千万円から、８００万円程度になったそうです。

それでも充分多いと思いますが、それまでは2人の子どもを私立に通わせたり、六本木あたりの家賃50万円以上の物件に住んでいたわけです。そこから20万円程度のどこかに引っ越すとなると、精神的にも物理的にもかなりたいへんです。家具が大きすぎて入らず、仕方なく脚を短く切ったといった笑うに笑えない話も聞きました。

多くの人は、収入が増えると生活レベルを上げてしまいます。すると収入が減ってもそれを維持したいと思いますが、現実的にはかなり難しいことなのです。

よく言われますが、年収４００万円くらいの人は「1千万円になったらどんなに楽しい暮らしができるだろう」とイメージするそうです。しかし、実際にはそれほどぜいたくをしているわけではありません。収入の増加にあわせて奥さんが専業主婦になったり、子どもを塾に通わせたりと生活を変えてしまうため、維持するお金も増えるからです。

貯蓄で安心感を得るのは難しい

私たちがお金にこだわるのは、お金持ちになってぜいたくな暮らしがしたいというよりは、やはり将来への不安が大きいと思います。世界的に見ても日本人の貯蓄率が異常に高いことが、それを端的に表しているでしょう。

しかし、お金がどの程度あれば安心かはわかりません。

たとえば、年収600万円だったとしたら、1年間で400万円程度を消費する生活にはなるでしょう。現在は90歳まで生きる時代ですから、定年後30年間その生活を維持しようとすれば1億2千万円も貯めておく必要があります。

私にしても、それほど貯蓄があるわけではありません。それなりに収入があっても支出もバカになりませんし、基本的には収入が不安定な仕事ですから、年によって収入が

1・5倍くらいに増えたり、3分の2に減ったりと激しく変動します。

すると先の予定が立たないため、真面目に貯蓄するという考え方から外れてきました。その年の収入が少なくても、「まあそのうち稼げばいいか」といった感じです。その根底にあるのは、いい人間関係を築いておけば仕事は入ってくるだろうという期待でしょうか。

そう考えると、お金を貯めることで安心感を得るのは、飛びつきやすいように見えて、じつはあまり現実的ではないのです。

以前、デンマークに住んでいる日本人と話したところ、デンマーク人はあまり貯蓄をしないそうです。理由を尋ねると、「たぶん老後の不安がないから」とのことでした。国の社会福祉制度もあれば、いろいろな友人関係もある。それで何とかなるという二重の安心感から、お金を貯める必要性を感じないようでした。

また、デンマークには一人暮らしの高齢者が多くいます。子どもの世話になって負い目を感じるよりも、自立して暮らしている方が気が楽という人が多いからだそうです。これもまた根底にあるのは、他者との関係による安心感ではないでしょうか。

高齢者の一人暮らしというと、日本ではすぐに孤独死といったネガティブな捉え方をされますが、プライドを持って一人で暮らすことは何も問題ないと思います。

ただし、都会で孤独に暮らすとなると心配ですから、やはり人間関係は重要でしょう。お金の不安については残念ながら明確な答えがありませんが、少なくとも人間関係については、いまから準備しておくべきです。

達成が楽しいのは達成した瞬間だけ

お金に限らず、人間は達成するまでは頑張っている感覚が楽しいものの、達成してしまうとすぐにどうでもよくなる傾向があります。

たとえば冬のロッククライミングはかなり厳しい環境です。北アルプスや南アルプスの200メートル近くある岩壁を冬に登ると、強烈な寒さとの戦いになります。登っていると手が凍えてきて、岩をつかめなくなります。手袋は二重にしているのですが、分厚いと微妙な場所は登れませんので、ときどき上の一枚を外したりします。すると今度は血が止まってきて手が真っ白になり、放っておけば凍傷になります。そこで岩に手を叩きつけて血を通わせるのですが、その瞬間は猛烈な痛みが走ります。

そんなくり返しで登っていきますので、やはり登り切った時はかなりの達成感に満たされます。しかし、登っている最中は正直なところ、苦しみの連続でした。

以前は達成の喜びを目指してロッククライミングや冬山登山などをしていたのですが、いまになってみると達成はどうでもいい気がします。むしろ前述のように途中の経過の方が好きになったため、山も最近は頂上に行かなくていいと考えるようになりました。いまの気持ちいい瞬間が持続する人生を送った方が健康的と思うようになりました。

長くつきあえる若い友人を作る

仕事のほかに、若い人とつきあうことも大切です。70代くらいになると同年代の友だちが亡くなり始め、寂しい思いをするとよく聞きます。友人の死を見続けるのは精神衛生上もよくありません。

また、25歳下の友人であれば、自分が70歳の時にまだ45歳。ちょうど脂がのっている時期ですから、何かと助けになってくれることもあるでしょう。継続的な人間関係が心の支えになりますので、若い人が多そうな集まりを見つけるなど、長いおつきあいをする仕組みを考えた方がいいと思います。

たとえば、あきる野市の猟師さんは冬の猟期になると「罠シェアリング」の会を催します。罠を買って彼らにあずけると朝夕見回ってそれを仕掛け、獲物が捕れると肉を分けてもらえるという会です。1シーズン2万円強で会員は15人限定。若い会員もいて、とても楽しい会です。

何度も言いますが、罠シェアリングに限らずそういう集まりはいくらでもあります。参加すれば人間関係が広がる上、健康にもいいでしょう。興味が湧いたら、何にでも参加してみてください。基点はどうしても自分の趣味などになりがちですが、あえて新しいことを始めた方がいいと思います。

年齢を重ねると、新しいことに腰が引けるのはよくわかります。怖さもありますし、プライドも邪魔するでしょう。だったら、罠シェアリングのように気軽に参加できる集まりでかまいません。

あるいは、初心者向けの講座を受講するのもいいでしょう。

私も5年ほど前、カヤックをやりたいと思ったのですが、始め方がまったくわかりませんでした。好きそうな友人に相談すると、アウトドア用品メーカーのモンベルが、いろいろな入門講座を開いていることを教えてくれました。

それに参加したところ、最初は静かな湖面を漕ぐだけでしたが、6、7回で急流を下れるくらいまで上達しました。若いインストラクターとの交流もとても楽しかったです。

何をやるにせよ、一定のレベルまで達したら道具を買ってサークルに入ればいいでしょうし、自分でグループを組むという手もあります。

歳をとるというのはネガティブに捉えられがちですが、さまざまな年代の人たちと広く弱くつながり、困難があっても「きっと誰かが少しだけでも助けてくれる」という安心感を持つことができれば、人生はそんなに悪くない。そういう心持ちで、これからの長い人生を生きていけばいいんじゃないかと思います。

この本をここまで読み終えた皆さんには、そういうゆるやかな人生のヒントを学んでいただけたことでしょう。皆さんがこれから、善き人たちとつながっていけますように。

著者略歴

佐々木俊尚《ささきとしなお》

一九六一年兵庫県出身。
毎日新聞社などを経て二〇〇三年に独立し、
テクノロジーから政治、経済、社会、ライフスタイルにいたるまで
幅広く取材・執筆している。
『そして、暮らしは共同体になる。』
『21世紀の自由論―「優しいリアリズム」の時代へ』
『キュレーションの時代』など著書多数。
電通総研フェロー。
TOKYO FM「タイムライン」でMCを務める。

幻冬舎新書 490

広く弱くつながって生きる

二〇一八年三月三十日 第一刷発行

著者 佐々木俊尚
発行人 見城 徹
編集人 志儀保博
発行所 株式会社 幻冬舎
〒一五一-〇〇五一 東京都渋谷区千駄ヶ谷四-九-七
電話 〇三-五四一一-六二一一(編集)
〇三-五四一一-六二二二(営業)
振替 〇〇一二〇-八-七六七六四三
ブックデザイン 鈴木成一デザイン室
印刷・製本所 株式会社 光邦

Printed in Japan ISBN978-4-344-98491-2 C0295
さ-20-1
幻冬舎ホームページアドレス http://www.gentosha.co.jp/
*この本に関するご意見・ご感想をメールでお寄せいただく場合は、comment@gentosha.co.jp まで。

幻冬舎新書

泉谷閑示

仕事なんか生きがいにするな

生きる意味を再び考える

「働くことこそ人生」と言われるが、長時間労働ばかり蔓延し幸せになれる人は少ない。新たな生きがいの見つけ方について、古今東西の名著を繙きながら気鋭の精神科医が示した希望の書。

イケダハヤト

まだ東京で消耗してるの?

環境を変えるだけで人生はうまくいく

東京を捨て、高知県の限界集落に移住しただけで「生活コストが劇的に下がり」「子育てが容易になり」「年収も上がった」と語る著者。地方出身者も知らない、地方移住の魅力が分かる一冊。

山崎元

会社は2年で辞めていい

つねに2年先の自分をイメージし、方向転換しながら、自分の適職を見つけ、揺るぎない「人材価値」を確立するためのキャリア戦略を徹底解説。会社の捨て方・選び方、転職時の要注意点も満載。

小島貴子

働く意味

働く意味がわからない、正社員として働くメリットがわからないなど、若者たちは大人には理解できない悩みで苦しんでいる。そんな「働く悩み」にカリスマ・キャリアカウンセラーが答える。親や上司必読の書。